法人営業のバイブル

必ず成果の上がる 新規開拓の鉄則＆必須ノウハウ

細矢 進
Susumu Hosoya

近代セールス社

序に代えて

【忘れられない経営者との出会いと学び】

私にとって、忘れられない思い出の経営者がいます。

その企業は従業員数が約50名、店舗や事務所の内装設備業者で、堅実な経営ぶりで評価の高かった企業でした。その社長との出会いです。

社長との関係は、私が都内の某支店に在籍していた平成元年頃からの関係ですから、約17年間の付き合いになります。出会った当初、私がいた銀行とその社長の会社とは僅かな取引関係でしたが、取引拡大を図るべく訪問営業を強化していきました。

ある時、社長からの要望で、というよりは明らかに私を試して(値踏みして)いるようでしたが、某有名商社の関連企業や建設会社に対する営業斡旋をすることになりました。すぐさま銀行の取引部署に連絡をつけるなどして接触の機会を作りました。

当然、簡単に企業同士が取引に合意することはありませんでしたが、私の早い対応に社長は感謝して、それ以降様々な相談をしてくるようになったのです。

社長は経営に対して極めて熱心で、毎年の事業計画書だけではなく、5年間の中期経営計画書までも作成していました。計画書が完成すると必ず私に連絡が入り、意見を求めてくるので

1

す。

社長からは「細矢さんとお会いすることができて本当によかった。他の銀行員と違って、真面目に私の会社のことを考えて、具体的にかつ素早く行動してくれるし、私の経営の相談にもきちんと意見を言ってくれる。そんな相談相手がほしかったんだよ」と言ってくれたのです。

銀行を辞めた後も、私を追いかけてくるように事業計画ができると連絡が入り、会食などもしながら意見交換をしていました。残念ながら、一昨年、突然亡くなられてしまいましたが、私にとっても経営について勉強させられた尊敬できる経営者の一人です。

法人営業はこのように一生モノの付き合いができる機会と、素晴らしい人にめぐり合えることができるのです。

【本書の狙い】

私の銀行員生活20年のうち、およそ80％を、いわゆる「父ちゃん母ちゃん企業」から上場企業に至るまでの、取引のない企業の新規開拓を手掛けました。また独立後も、教育関係の事業で、上場企業を中心とした取引開拓を行ってきました。

同時に、自分自身が中小企業の経営者（まさに中小企業のオヤジ）になり、経営者の思いや悩みを実感することにもなりました。その経験から、法人営業成功のコツとは、企業の大小や業種業態などは特に関係なく、いかに相手企業の立場に立ち、いかにその企業の役に立てるか

序に代えて

にあると確信するに至ったのです。

本書は、法人営業における具体的対応力の強化を目的としたものであり、次のような構成となっています。

第1章「法人営業に必要とされる心構え」では、金融機関の人間として、プロらしい動きや考え方はどうあるべきかについて述べています。第2章「中小企業経営者の理解とアプローチ」では、日頃、企業経営者が本当は何を考え、何に悩み、何を望んでいるのかに触れ、金融のプロとしてこれにどのように対応すべきかを解説しました。

次に、第3章「中小企業開拓に必要なノウハウ」では、経営者の信頼を獲得することに焦点を当て、そのためには具体的にどのような話題展開と動きをすればよいかを解説しています。

最後の第4章「成功するためのプラスワン」では、法人営業力を強化するためのヒントとして、筆者の経験を交えながら具体的な注力ポイントを挙げました。

以上、本書は私の法人営業におけるノウハウを余すところなく網羅しています。是非とも参考にしていただき、明日からの活動で実践し、成果に結びつけていただければ幸いです。

3

目次

序に代えて 1

第1章 法人営業に必要とされる心構え……………9

1. とにかく初回面談が勝負 10
2. 「舐められちゃお終いよ!」 12
3. 法人営業の魅力とは 15
4. 法人営業で成功する決め手は何か 16
5. 法人営業に失敗する要因は何か 17
6. 嫌われる営業担当者とは 19
7. 好まれる営業担当者とは 20

第2章 中小企業経営者の理解とアプローチ……………23

1. 中小企業経営者の特徴を理解する 24
 (1) 創業社長とサラリーマン社長、二代目・三代目社長の違い 24
 (2) 経営者の5つの特徴 28

2. 中小企業経営者の悩みを理解する 32
3. 中小企業経営者の望みを理解する 34
4. 企業の実態把握とニーズ掌握のポイント 36
　(1) 情報の収集と加工のポイント 36
　(2) 視点の整理 40
5. ヒアリングによる企業分析法 48
6. 財務諸表から見つける企業ニーズと経営者ニーズ 54
　(1) 貸借対照表（B／S）から見えるニーズ 55
　(2) 損益計算書（P／L）から見えるニーズ 58
7. 話題展開のポイント 62
8. 話題展開方法の極意 64
9. 資料情報によるキーワード話題展開方法 68
　(1) 帝国データバンク・東京商工リサーチ 68
　(2) 小企業の経営指標 70
　(3) 新聞・雑誌・ニュース 78
10. 忘れちゃいけない法人営業のタブー 80
11. 断られたときにどう対処するか 81

12. いじめられたときにどう対処するか 84
13. 褒められたときにどう対処するか 85
14. こんな会社には気をつけろ 86
15. こんな社長には気をつけろ 88
16. こんな幹部社員には気をつけろ 90

第3章 ○ 中小企業開拓に必要なノウハウ………………………93

1. 社長の期待と経理・財務・総務担当幹部の期待 94
2. 企業からの値踏みと企業への値踏み 96
3. 必要なのは常に情報に敏感な姿勢 98
4. 「ボーッと帝国データを見るな！」 99
5. 「ボーッと新聞・ニュースを見るな！」 108
6. 「ボーッと訪問するな！」 112
7. 「話題に困る」なんてことはない 118
8. 自分の何を売り込むか 119
9. 新規訪問と紹介訪問を区別せよ 120
10. 最初の紹介先には全力投球を 122

11. 簡単な財務の切り口からの話題展開方法
　（1）「粗利（益）」　124
　（2）「棚卸」と「試算表」　125
　（3）企業の節税対策　128
　（4）数字で目線を合わせる　130
　（5）「金の苦労」とは資金調達だけじゃない　132
　（6）経営改善の4原則　135
　（7）良い会社・強い会社には共通する文化がある　146
　（8）電卓1本で社長の信頼を獲得する　148
12. 法人営業の具体的ステップ
　（1）アプローチ前ステップ　158
　（2）アプローチステップ　162

第4章 ○ 成功するためのプラスワン　175

1. 飛び込み営業へと飛び込んだきっかけ　176
2. 飛び込み営業を実践して　180
3. 法人営業の基本8ポイント　184

4. 苦労している経営者は誠意を理解する 188
5. 中小企業経営者は相談相手に飢えている 190
6. 顧問税理士の実態を理解する 192
7. 常に自分の棚卸を行う 194
8. プロの金融担当者として心掛けるべきこと 195
9. ネットワーク構築へのこだわりを持て 196
10. 営業力強化のためにすべきこと 200
11. 金融機関ができる本業支援 202
12. やっちゃいけない本業支援 203
13. できる営業の法則 204

おわりに 209

イラスト／五十嵐 晃

第1章 法人営業に必要とされる心構え

第1章●法人営業に必要とされる心構え

1．とにかく初回面談が勝負 〜最初の5分に命を懸けろ

【小さな興味と小さな信頼を全力で獲得する】

　法人営業の勝負は、面談初期段階で決まってしまうと心するべきです。それも、初めて会う最初の5分間です。

　5分で何をするのかというと「小さな興味と小さな信頼」の獲得を目標とするのです。金融営業では、「最初にお客様との信頼関係を構築して営業展開する」と言われることが多いのですが、口で言うほど簡単に「信頼関係」なるものは築けません。信頼関係を作る前に追い帰されているのが現場の実情です。

　金融営業は自動車などを売っているのと違い、目に見えず形もなく、性能もアピールしづらい商売なのです。したがって、営業で一番苦労するのは入口です。話もろくに聞いてくれない、なかなか相手にもしてくれないのです。そこで、大げさな信頼関係なるものは望まず、面談5分で社長や実権者が「何だ、何でそんなこと聞くんだ？　おっ、こいつちょっと違うな。面白いヤツだな」と印象付けることこそが「小さな興味と小さな信頼」の獲得なのです。

【値踏みに勝つ】

そもそも企業経営者なり実権者なりが、付き合いのない金融機関の人間にわざわざ会うというからには、「仕方なく会う」場合もあれば、「わずかながらでも期待をして会う」場合もあります。そこで彼らは何をするのかと言うと、相手の「値踏み」をしているのです。

値踏みとは、経営者からすれば「我が社にとって、もしくは自分にとって、プラスかマイナスか」を測ることです。サラリーマンの経理部長や総務部長の場合、「自分にとって」「自分の立場にとって」が優先されるケースが多々あります。どんなに会社にとって魅力的な提案でも、自分に負荷がかかってきたり、火の粉が降りかかってくるようであれば拒否反応を示すでしょう。

したがって「御社のご経営のことで…」と切り出しても逆効果の場合もあると認識しておくべきですし、何よりも経理部長や総務部長にとってどれだけのメリットがあるのか、もしくは経理部長・総務部長のどれくらい手柄になることかを理解させることがポイントです。

では、経営者は何を期待しているのか。実は大げさな期待はしていないでしょう。ただ、「他の金融機関の人間とどこかに違いがあるかな、物売り以外の何か付加価値が、わずかでもあるかな」といった意味での値踏みはしてくると心するべきです。

したがって、「ご挨拶に伺いました」とか「何か御用がないかと思いまして」などといった、酒屋の御用聞きのような挨拶など必要ないのです。相手がドキッとするような挨拶と、相手の企業の立場に立った役に立てる本題で切り込んでいくことです。

2.「舐められちゃお終いよ!」 〜数字に弱いヤツは舐められる

【セールス優先じゃ舐められる】

法人営業で一番大事なことは、決して「舐められない」ことです。特に面談最初の5分間です。最初が肝心ということは説明しましたが、値踏みの中で見切られることは「舐められる」ことです。いったん舐められると、失地回復するのは並大抵のことではありません。面談して早い段階で、「変わったヤツだ! できるヤツかも! 面白いヤツだ!」など期待を込めた印象を勝ちとることです。

そのためには、セールスが先ではダメなのです。企業経営者の日頃からの悩みや考えていること、「明日の商売と明日の資金繰り」、すなわち「どうすればもっと儲かるのか」「どうしたらもっと金繰りが楽になるのか」に繋がる話題からスタートすべきです。相手の土俵にまず入っていくことです。そして、金融機関として、自分自身として、それに関して何ができるのか、何が言えるのか、何を支援すべきかを探っていくことです。

【数字に強くなれ】

特に金融営業では、舐められないための絶対条件として「数字に強い」ことが求められま

第1章●法人営業に必要とされる心構え

す。金融機関の人間で、数字に弱い人間は必ず舐められると言っても過言ではありません。よく考えれば誰にでも分かることですが、金融機関の人間は「人様の大事な金を扱う」わけです。その人間が、ある案件の計算をするのに電卓を何度もやり直しているようでは、お客さんは不安を感じてしまいますし、「舐めてかかる」でしょう。計算に強いことは当然のこととして条件になります。

それだけでなく、実は金融のプロの人間には、世の中の様々な「数字」に強いことが求められるのです。例えば株式相場や為替相場、国家予算やGDPの数字、失業率や有効求人倍率、金利動向や原油価格の動きなど、いわゆる新聞の一面に載っている数字です。常識として知っていることが求められますし、知っているだけではなく、その数字に対する自分の見解や意見を言えることが、金融のプロには求められるのです。

また時として、企業経営者は面談時にわざとこの種の話を持ち出し「値踏み」をしてくる場合があります。「最近また原油の価格が上がってるが、今後どうなるかね?」と質問されて、何も答えられないようでは、舐められて当たり前です。

金融のプロならプロらしく、「私も詳しくはないですが、WTIも1バーレル当たり◯ドル前後を推移していますね。単なる需給バランスだけではなくて、投機材料として動かされていることもありますし、中東情勢、特にイラク・イランの情勢次第ではさらに不安定な動きも懸念されますね」などと自分の考えを言えるようにしたいものです。

これは、自分なりの意見でかまいません。ただし、発言の冒頭に「私も勉強中ですが」「私も詳しくはないですが」と枕詞を付けることを忘れないことです。そうすれば、よく世の中のことを勉強しているじゃないかと経営者も認め、決して舐められることはないでしょう。

【話せる財務に強くなれ】

また、法人営業で「数字」と言えば、会社の数字、いわゆる「財務」です。これに強くなければ舐められるだけでなく、金融営業そのものに迫力がなく、裏付けがないため説得力に欠けると言わざるを得ません。資金需要の根拠、企業や企業経営者のリスクマネジメント、余裕資金の運用やアセットアロケーションに関しても、企業財務の理論値があってこそ方向性も見えてくるものですから、勧める以上は把握しておく必要があると言えます。

財務といっても、「借方・貸方」という簿記の範囲の話ではなく、企業経営者と話のキャッチボールができる財務の知識なのです。特に、「どうしたらもっと儲かるか」「どうしたらもっと金繰りが楽になるか」を考える上での必要知識です。

当然、自社商品をセールスするのであれば、その理論値構成を最低限言えるようにする必要があります。例えば、必要運転資金の根拠や設備投資回収成否の理論値、企業及び企業経営者にとっての必要保障額の根拠や理論値、適正運用資金の算出根拠や資金調達手段の適正根拠などが考えられます。「金融機関の人間は、数字に強くなることに特にこだわるべし」です。

3. 法人営業の魅力とは

　法人取引と個人との取引における、決定的な違いとはなんでしょうか。それは、取引の幅の広さとボリュームの大きさだろうと思います。法人取引にはお金の流れや相手企業の仕事関係から、取引が広がっていく可能性のある分野が多く、取引量もその広がりに応じて増えていく可能性が高いという点が、法人営業の大きな魅力でしょう。

　また、金融機関の中で仕事をしていく上だけに限らず、今後の自分の立場や地位それぞれにおける仕事や、仮に新たなビジネスの世界に身を投じる場合でも、必ずや自分の財産として付加価値を生み出してくれるのが、法人との付き合いの魅力でもあるのです。できれば永い付き合いができて、自分のブレーンとしても利用でき、自身のネットワークとしての存在のような企業を育てていけることが理想ともいえます。

　特に中小企業などではオーナー企業が多く、初代の経営者などのサクセス・ストーリーや経営哲学・経営理念など学ぶべきことがたくさんありますし、自分自身の今後の組織マネジメントの参考にもなります。大袈裟ではありますが、人生について大事なことを多く得られることもあるのが法人営業です。永い付き合いのできる自分のお客さんを何社作れるかを一つの目標にしてはどうでしょうか。

4. 法人営業で成功する決め手は何か

法人営業を行うにあたって、最も大切なこと。それは「ギブ＆テイク」が基本であると肝に銘じることです。法人営業では、「お願いスタイル」は決して通用しません。当たり前のことですが、営業を受ける経営者や実権者にとって何らかのメリットが感じられなければ、時間の無駄どころか、被害者意識を感じる場合すらあることに注意が必要でしょう。

では、企業経営にとってのメリットとは何でしょうか。それは、一言で言えば「企業収益の改善」と「キャッシュフローの改善」です。

この二つのテーマに、いかにして金融としての機能で貢献できるのか、また金融機関という組織を活用してどのように貢献できるのか、さらに自分自身の付加価値や熱意と努力で、どのように貢献できるのかを考え、具体的行動に移すことです。そして、それだけの材料やチャンスはいくらでも転がっているのが、金融機関の仕事の特徴なのです。

また、経営者や実権者に個人的メリットを与えることも、取引開拓成功の決め手になります。特に、経営者にとって様々なことで相談相手になれれば、自ずと会社取引の相談もやってくるものです。すなわち、企業自体や経営者・実権者に「付き合って得だ」と思ってもらえるような関係作りと実績作りこそが、法人営業の成功の条件です。

16

5. 法人営業に失敗する要因は何か

法人営業・個人営業に限らず、それが失敗に至ったケースを見ると、その原因として同様の要素を持つ場合が多々見受けられます。一方的に自分の商売ばかりを押しつける、あるいは全く相手の実態や考えを理解していない場合です。いわゆる「ニーズを把握していない」ケースです。

確かに、そのような時には自分ばかりが一方的にしゃべり、話をしてくれても何となく防衛的な発言に終始すると思います。面談の初期段階で「またセールスか」と思われてしまったら、誰だって警戒しますし、売り込みを受けることに対して防衛本能が働くのは当然でしょう。

法人営業は、そんな簡単なものではありません。最初から「それはありがたい」などと応じてもらえるほうが、むしろ少ないでしょう。前項でも述べましたが、お願いスタイルは法人営業では通用しませんし、無理な取引は長続きしないものです。

逆に、あまりに簡単に取引ができるような法人は、むしろ後で厄介なことになるケースが多くあります。筆者の銀行時代の経験ですが、まだ外回りの営業に出て間もない頃の、私にとって初めての融資案件でした。ある企業からの運転資金の相談でしたが、信用保証協会の保証付

きで、保全にはほとんど問題のない案件でした。

その企業は、あるプロ野球球団のグラウンドのピッチャーズマウンドを上げ下げする油圧装置を作っている会社でした。担当の経理部長の応対は極めて好意的で、以前から私がいる銀行のファンだった、などとおっしゃっていました。

当時私は、思うような営業成績を上げられず焦っていたこともあり、十分な調査もせず「いい会社みたいだ」と、取引獲得に動いてしまいました。ところが、その企業は融資実行後2カ月も経たないうちに不渡りを出して倒産したのです。

調べたところ、融資を実行した当日に、口座から資金が抜かれていたことがわかりました。実は、私とやり取りをしていた経理部長が二代目社長を手玉にとり、至るところから融資を受け、そのお金を持ち逃げしてしまったというのです。当然高利貸しからも調達していたもようで、倒産が発覚した当日に会社を訪ねたところ、倉庫はからっぽ、事務所には呆然と座ったままの社員の他に、一目でそのスジの人間とわかる怖い男たちが数人いたのを覚えています。銀行として後日、この会社の社長が弁護士を伴って銀行にお詫びと説明にやってきました。功を焦ったこともさることながら、本来ならあまりに簡単に取引できたことに疑いを持ち、実態調査なりをもっとしっかりするべきであったと、つくづく教えられました。

繰り返します。「法人営業はギブ＆テイクが基本で、そんな甘いもんじゃない！」

6. 嫌われる営業担当者とは

あなたは経験ありませんか。ショッピングや食事などでお店に入ったとき、あるいは自宅や会社で営業を受けたときに、相対した営業担当者の対応によって購入する意欲が急激に萎えてしまい、非常に不快な気持ちになったといったこと。「無駄な時間を過ごした」と感じ、気持ちが本当に疲れてしまうものです。

法人営業も同様です。嫌われる営業担当者とは、自分の都合ばかりを考えていることがあからさまにわかってしまう担当者です。いかに自分たちの商品がよいかを一方的にしゃべり、自分たちの考えていることがすべての経営者の悩みのように勝手に解釈して、いかに自分たちがその悩みを解決できる適任者であるかを、押し付けるようにまくし立てるのです。

企業経営の悩みは、個別の企業によって問題も違えば、温度差や優先順位も違います。金融機関の一方的な論理を押し付けられることほど、中小企業経営者にとって迷惑なことはないのです。このような担当者は押し売りと何ら変わらず、相手の立場に立った発想が全くできていない人間でしょう。また、中小企業経営者は弱い立場にあると自覚していますから、金融機関を大上段に振りかざしてくるような営業担当者も嫌われます。法人営業はギブ＆テイクです。自分の商売ばかりをしようとする営業担当者など、相手にされるわけがないのです。

7. 好まれる営業担当者とは

例えば気に入ったものを購入した時、私たちは何とも言えない充足感から幸せと期待で一杯になるものです。同じように非常に好感の持てる営業担当者と会話をした場合なども、何だか得をしたような、うれしい気持ちになった経験がありますよね。特に金融機関の仕事は目に見えるかたちのあるものを売っているわけではありませんから、ある意味で営業担当者そのものが商品であり、判断のポイントであるとも言えます。

したがって「この人に会えてよかった」と言ってもらえるような営業担当者になりたいものです。そのためには、常に企業にとってどのようなメリットがあるのかを考え、自分は何をすればいいかを考え、これを具体的に行動に移すことが条件となります。時には厳しい指摘や苦言を言ってあげることも、企業経営者にとっては大事な場合があります。本当の意味で、いかに相手のことを考えてあげられるかのです。

やはり銀行員時代の話で、埼玉県の川口にある支店に在席していた時のことです。私は新規取引開拓の専担者として動いていました。川口という町は「キューポラの町」として有名な、鋳物工場が多く操業している地区です。

ところが当時、この鋳物業は構造不況の代表的な業種で、多くの業者が赤字に苦しんでいま

第1章 ● 法人営業に必要とされる心構え

した。一方、多くの会社が駅近辺に莫大な工場用地を所有していたことから、土地の切り売りをしたり、担保として提供し融資を受けたりして、経営を辛うじて繋いでいたのです。

廃業したほうがよいと思われるような経営状態の企業もありましたが、どの企業も歴史があり、二代目・三代目の経営者が「自分の代では潰せない」と半分意地を張っているようなところもありました。資金調達でも金融機関から厳しい対応をされている状態で、苦しんでいる様子の企業がたくさんありました。

そこで私は、そのうちの新規取引開拓先で、地元金融機関の厳しい対応に悩んでいた一社に目を付け営業を開始しました。努めて親身に対応し、融資の肩代わりを申し入れました。

ただし、我々からの目から見ても、とても再建は難しいと感じていましたから「半年間徹底的に経営改善をして見通しが立たない場合は廃業して、工場跡地を有効利用することを考えましょう」との条件を提示し、社長に応諾をとって取引を開始しました。結果はやはり、経営は改善できず最終的には廃業し、工場跡地は等価交換でマンション建設となりました。

社長一家は、川口の郊外に自宅兼小規模の機械工場を取得し、社長個人で事業の一部を継続していきました。後に、社長はこんなことを言ってくれました。「あなたが背中を押してくれなかったら決断ができず、どんどん貴重な財産を食い潰して、何もなくなるところだった」。

相手の立場に立って考え、相手のためを思って行動できることが、好まれ感謝される営業担当者なのです。

第2章

中小企業経営者の理解とアプローチ

第2章 中小企業経営者の理解とアプローチ

1. 中小企業経営者の特徴を理解する

(1) 創業社長とサラリーマン社長、二代目・三代目社長の違い

　中小企業経営者には、自分で起業した創業者と二代目・三代目の後継者、あるいは、いわゆる雇われ社長や生え抜き社員から起用されたサラリーマン経営者がいます。それぞれキャリアや現在に至った経緯が違うため、考え方や価値観に違いがあるのは当然ですが、その出身によって主だった特徴もあります。

【創業者の愛社精神は半端じゃない】

　特に創業経営者とそれ以外では、会社そのものに対する「根本的な想い」に決定的な差があるのが一般的です。創業経営者の場合は「自分の会社」という想い入れが相当強く、何かあれば私財を投げ売ってでも会社を守ろうとするものです。
　また、何歳になっても自分が中心であるとの意識が強く、よほど有力な後継者がいない限り社長職を手離さないことも多いと言えます。そして、そうした傾向が強い企業では、後継者が

24

第2章●中小企業経営者の理解とアプローチ

不在のために一代で廃業せざるを得ないなどの問題も発生しています。

これは、特に創業経営者に多いのですが「任せる勇気」を持てないことが大きな要因です。最近では中小企業の後継者不足に対してM&Aを提案することも有効な事業承継であると考えられています。

創業社長に事業承継問題を打診する場合は、言い方やタイミングに気を付けないと、「俺は一生現役だ、年寄り扱いするな、失礼な！」などと、不快感を露わにする経営者もいます。したがって、もし事業承継対策の話をするのであれば、「自社株評価の問題や技術の継承等」の話題から入っていくべきです。

また一般に、創業経営者は様々な苦労を乗り越え今日があるという人が多いこともあり、仕事に対する想いが社内的にも一番深く、重いと考えるべきです。したがって、その会社自体の仕事の話を社長に向けると、喜んで話をしてくれる場合が多いと思います。

同時に私の経験では、企業に対する金融機関の協力・支援の姿勢や誠意を汲み取ってくれる方が少なくありません。

【サラリーマン社長は結果にこだわる】

サラリーマン社長の場合は、創業社長と違って、いわば「しょせんサラリーマン」と言いますか、比較的計算上の損得に固執する方が多いと言えます。なぜかというと、在任期間中に一

25

定の成果を上げる必要があるからです。
創業経営者とは違った意味で「後がない」のが、サラリーマン経営者の特徴です。したがって、このような経営者に話をする時は具体的メリットを明確に提示しないと、なかなか取引に結び付かないことが多いと言えます。

【二代目・三代目は苦しんでいる】

次に二代目・三代目の経営者の場合ですが、よく企業は二代目・三代目で会社を潰すと言われます。確かに、よほどしっかりした子供に経営を任せるのでなければ、不幸な結果になる場合が多いのも事実です。

このような企業には、絶対的に信頼できる参謀がいるかいないかが、企業存続の決め手になります。先代が元気なうちはいろいろとアドバイスを受けられるのでいいのですが、独りになってからは相当悩んでいる経営者が多いと考えるべきです。

銀行を辞めた後の話ですが、私はある金融機関の中小企業経営者向け経営セミナーで講演を行いました。題目は「キャッシュフロー経営──貸し渋りに対抗する銀行取引」なる内容だったと記憶しています。翌日、参加された中小企業経営者の一人から、相談に乗ってほしい旨の電話がありました。

さっそく私はその企業を訪ね、話を聞きました。同社は業歴約百年を誇る老舗の文房具卸問

第2章 ●中小企業経営者の理解とアプローチ

屋です。現在の社長は三代目ですが、最近のアスクルなどの新業態に押されて、徐々に業容縮小を余儀なくされていました。先代の社長で当時会長の実父は、病気で寝たきりの状態であったことから、社長は相談相手もいない状況で悩んでいたのです。

社長の机の上には企業経営に関する様々な書籍が並んでおり、相当勉強されている様子でした。相談の具体的な内容は「今後の経営をどうするべきかと、銀行から運転資金の融資を受けたいので協力してほしい」というものでした。

そこで社長に、同社業績の実態等を把握するために「先月の売上げおよび前期の売上げと利益は？」と質問したところ、社長からの即答はありません。経理を担当している社長の妻女にいちいち問いただし、確認するといった状態なのです。

この時点で私は、彼が経営者として事業を継続していくことは非常に難しいと判断しました。廃業も視野に入れた対応に加え、信頼できる参謀の必要性を強く感じたのです。

ただし、廃業するにしても取引先との関係から、簡単にはそれができないことも判明しました。また、社長一族の今後の生活をどうするかや、借地権付き土地の上に所在する古い二棟の自社ビルについても、これをどのように利用していくかという問題もありました。

そこで、私の知人のコンサルタントを参謀役として同社に送り込み、経営をサポートしてもらうことにしたのです。その後、社長と妻女とその参謀を中心に、業務の見直しや人的整理を進め、本業での業績を何とか収支トントンまで改善していきました。また、所有しているビル

にテナントを入居させるなどして、安定収入化を進めるなどしていきました。結果として昨年、同社はある企業に営業譲渡をして文具の卸売業からは撤退、不動産賃貸業に専念することになりました。経営者一家は賃貸業で生計が成り立つ状態となり、現在に至っているのです。

実は、その経営者も本音としては、苦しい経営から逃げたいという悩みを抱えていました。一般に、親子という関係だけでの事業承継は非常に難しく、悩んでいる後継者が多いと思ってください。逆に言えばそれだけチャンスもあるとも言えるのです。

(2) 経営者の5つの特徴

中小企業経営者には特に、共通した5つの特徴があります。

それは、「孤独」「プライド」「多忙」「苦悩」「仕事好き」というキーワードにまとめることができます。

【孤独（社長は孤独である）】

どこまで行っても、経営者は孤独です。最後は自分で決断しなければなりませんし、責任も自分がとらなければならないのが経営者です。

社内的にも社外的にも自分を理解してくれる人が少なく孤独に耐えているものです。だからこそ、相談ができる相手が欲しいと思っているのです。

【プライド（社長は社長である）】

どんな小さな企業でも社長は社長ですから、プライドがあります。そのプライドを傷つけるようなことは絶対にしてはいけません。ある程度まで相手と親しくなったときこそ、気を付けるべきでしょう。また中小企業の社長は、特に大企業の人間に対して、我々が考えている以上に気を遣っているものです。

【多忙（社長は忙しい）】

　中小企業の社長は、営業から管理まで会社の仕事のほとんどに絡んでおり、最も忙しく働いているものです。常に時間に追われ、余裕がないのも特徴と言えます。そのため、金融機関の人間と会う場合、自分にとって役に立つか立たないかを見極めていると考えるべきです。自分の商売だけで訪問するようであれば、二度目の面談は叶わないと覚悟してください。

【苦悩（社長は悩んでいる）】

　常に悩んでいるのが経営者です。人・金・物・情報など、様々な面で苦労しているのが一般的です。同時に、いろいろと相談できる相手がいないことで悩んでいる場合も多く、常に自分の苦労や思い、迷いを理解して手助けしてくれるような人が欲しいと願っています。だからこそ、「ニーズがない」などということは絶対ないのです。

【仕事好き（社長は仕事が好きである）】

　誰よりも社長は、自分の会社の仕事に誇りと自信を持っているものです。仕事の話をされると、自慢話を含めて多弁になることがよくあります。さらに、自分の仕事に関係する情報であれば間違いなく興味を持って、むしろ貪欲に聞きたがるものです。

第2章●中小企業経営者の理解とアプローチ

経営者の5つの特徴

①孤独(社長は孤独である)
・相談相手が欲しい

②プライド(社長は社長である)
・どんな小さい会社でもプライドを傷つけてはいけない
・大企業の社員だから気を使っている

③多忙(社長は忙しい)
・自分に役立つか見極めている
・自分のセールスだけでは2度目はない

④苦悩(社長は悩んでいる)
・人、金、物、情報、いずれかで悩んでいる
・ニーズは必ずある。助けることが必ずある

⑤仕事好き(社長は仕事が好きである)
・業界の話、商品の話は得意であり、特に情報に飢えている

2. 中小企業経営者の悩みを理解する

【明日の商売】と【明日の金】

中小企業経営者は日頃、何に悩んでいるのでしょうか。

よく「人・物・金・情報」という言葉が使われます。確かにその通りと言えますが、もっと簡単に言ってしまえば「今期・上期、いや来月、いやいや今月の売上げはどうなるんだ。あの会社からの受注は確実なんだろうか、仕事を回してくれるのだろうか」「今期・上期、いや来月、いやいや今月、いやいや10日の資金繰りは大丈夫か。今月末に期日が来るあの会社の手形は決済されるのだろうか。20日のあの会社の売掛金はきちんと振り込まれてくるのだろうか」──そんな心配を毎日毎日しているのが、中小企業の社長なのです。

半年先の受注や契約が確定しており、確実に売上げが見込める中小企業なら、経営は安定していると言えます。また、資金的に潤沢で半年先の資金繰りが確定し、心配のないような中小企業であれば、安定した優良企業と言っていいでしょう。しかし、そうした中小企業がどれだけあるでしょうか。つまり、一般的な中小企業の経営者は「明日の商売」と「明日の金」の心配で頭が一杯になっているのです。

ところが、よく金融機関サイドでは「中小企業の経営者は資金調達で悩んでいるはず」「この

第2章●中小企業経営者の理解とアプローチ

社長はリスクマネジメントや事業承継対策のことで悩んでいるに違いないなどと、勝手な思い込みのもとに話を進めようとする営業担当者が少なくありません。

そのような姿勢に対し経営者は「自分の商売ばかり考えている、ただのセールスだな」と感じ、警戒モードになってしまいます。したがって、いくら社長の考えの一部に事業承継問題があったとしても、素直な対応ができなくなってしまうケースが多いのです。

まず自分の営業よりも、中小企業経営者の本当の悩みを真摯に聞くこと。そして、それを理解してあげることが大事です。

「人がいない」「心の底」

「明日の商売」と「明日の金」の悩みを相談できるような相手がいないことからの「人」に対する悩みが存在するのも事実です。ましてや、中小企業にはなかなか優秀な人材が集まりにくい実態もあり、経営者自身で全ての事を考え、悩み、決断することが多いのです。だからこそ少しでも話ができる人材と巡り合いたいとも悩んでいるのです。

もし面談した金融機関の人間が「この人は話せる」と感じさせることができたら、日頃、業務と資金繰りに忙殺されている経営者の心の中にある潜在的な問題や課題について、「この人になら相談してみる価値がありそうだな」と経営者自ら相談してくることでしょう。この「心の底」にある経営者の悩みの相談相手になることが真に信頼を得ることなのです。

33

3. 中小企業経営者の望みを理解する

【「自分の商売の発展」と「幸せ」】

中小企業経営者の日頃の悩みについて前項で記述しましたが、では、彼らが一番望んでいることは何かを考えてみたいと思います。

それは、日頃悩んでいることの裏返しとも言えるのですが、一言で言うと「もっと儲かるようになりたい」「金のことで心配しなくて済むようになりたい」に尽きるでしょう。

さらに具体的に説明しますと、「どうしたらもっと売上げが増えるのか。どうしたらもっと会社に利益が残せるのか、自分の報酬を上げることができるのか。どうすれば自慢できるような会社になるのか。商売の発展と幸せが欲しい！」「どうしたら金が増えるんだろう。できれば借金なんかしたくないし、銀行にも頭を下げたくない。どうすれば資金繰りなんかで悩んだり心配しなくて済むのだろうか。金の悩みがない幸せが欲しい！」という望みです。

これを整理しますと「良い商品、良い従業員、良い客、良い業績、良い金回りに恵まれたい」となります。そして、多くの経営者が「そのためには、個人的にも良い人間関係、良い遊び、良い家族、良い趣味に恵まれたい」と考えているのです。

このことを理解することが、最も大切な「ニーズ掌握」の基本です。しかし、分かっていな

34

第2章●中小企業経営者の理解とアプローチ

経営者の悩みと望み

物（商売）
～今後の商売をどうしよう～
- 明日、今月、来月の売上げはどうなるのか
- 取引先との関係はどうなるのか
- 何か儲かることはないか

金
～明日、今月の金繰りをどうしよう～
- 運転資金はどこの銀行から調達するか
- 手形取引の条件を良く変えられないか
- もらった手形が落ちるか心配
- 在庫を減らせないか
- 設備投資が必要か否か
- 利益回収ができるか

人
～人がいない～
- 優秀な役員、社員がいない
- No.2 が育たない
- 自分の考えを分かってくれない
- 相談する相手がいない
- 税理士は帳簿の整理しかしてくれない

心の底
- 潜在的な問題を抱えている
- 日常は多忙で考える暇がないが様々なことで潜在的な不満と不安を持っている

*このような会話ができる相談相手として認められることがポイント

が実際の現場では、このことを忘れて自分の営業に傾注してしまう担当者が非常に多いのです。「根本的な経営者の想い」を理解した上で、それに沿ったニーズ対応を考えて営業を進めていくことが重要であると言えます。

4. 企業の実態把握とニーズ掌握のポイント

法人営業を成功させるためには、企業自体や経営者はいま具体的に何を考え何に悩んで何を願っており、どのように関われば最も取引契機を作ることができるのかについて、なるべく早期に、数少ない情報から探っていくことが大事です。

また、金融機関として付き合うべき相手かどうかといった、初期段階での与信判断をすることも求められます。そのためには、企業の実態把握に時間をかけず、限られた情報ソースから効率的に判断要素を拾っていく必要があります。同時に、実態把握と分析を進める作業の中で、感度高くニーズの掌握もしていくことが、当然必要になってきます。

具体的訪問時の動きや視点は後述しますが、企業把握の要点として「情報の収集と加工のポイント」「視点の整理」の2点に注目すべきと考えます。

(1) 情報の収集と加工のポイント

【情報収集のポイント】

第1のポイント…［情報感度を鋭く高めよ］
どのような資料を見ても、どんな人に会っても、またどんな場面であっても、あらゆるもの

第2章 ●中小企業経営者の理解とアプローチ

に情報の手掛かりがあると、心に刻んでください。要は「ボーッしてんじゃない！」ということです。

第2のポイント…「小さい情報にこだわれ」
どんな小さな情報でも見逃さないことです。商売につながる「おいしそうな」情報だけでなく、金融機関に都合の悪い情報も努めて把握すべきです。いかに小さい情報や少ない情報から読めるか、匂いを嗅げるかが、優秀な営業担当者とそうでない担当者の分かれ目になります。

第3のポイント…「情報の検証に心掛ける」
表面的な部分に誤魔化されず、踊らされずに、情報の真贋をきちんと見極める必要があります。ましてや金融の仕事は、直接お金のやり取りがありますし、社会的な信用などの問題には必要以上に気を遣わなければなりません。「おいしい話にこそ気をつけろ！」が原則です。

第4のポイント…「情報の鮮度にこだわり出所に近づけ」
情報は、新しければ新しいほど役に立ちます。古い情報だと、その後の変化について再度確認する作業が必ず発生するからです。同時に、情報の発信源に近づくほど真贋の見極めも容易となり、判断の正確性が高まります。

第5のポイント…「情報の時期、期日に注意（タイミングを失するな）」
タイミングを逸したら、せっかくの情報も台無しになってしまいます。何事も時間軸を忘れないことです。

第6のポイント…「情報源の拡大とストックに心掛ける」

人的なものであれ資料ベースのものであれ、情報源の間口を拡大することを常に心掛ける必要があります。「情報過多」ということは絶対にありません。より多くの情報源と情報量を追求するべきです。ただし、信用度合と背景監視も忘れないことが大事です。

第7のポイント…「過去の情報も無駄にしない」

過去の先輩方が調べ上げている情報も、必ず確認してみることです。新規先などでは、過去情報のネタから話題展開を切り出すことによって「よく知ってるね」と感心してもらえることもありますし、改めて過去の歴史を振り返ってもらうことで、金融機関としての姿勢をアピールすることもできます。

【情報加工のポイント】

第1のポイント…「5W1H」

When（いつ）、Where（どこで）、Who（誰が）、Why（なぜ）、What（何を）、How（どのように）というように、企業の動き・人の動きを捉える際や、ニーズ・ビジネスチャンスをつかまえるときの基本として、これを確認をする癖をつけることです。

第2のポイント…「情報は熱いうちに動け」

情報は鮮度とタイミングを間違わず、的確な手段で手を打ってこそ成果に結びついてくるものです。スピードには絶対的にこだわってください。

38

第2章●中小企業経営者の理解とアプローチ

情報収集と加工のポイント

情報収集のポイント

① 情報感度を鋭く高めよ
② 小さい情報にこだわれ
③ 情報の検証に心掛ける
④ 情報の鮮度にこだわり出所に近づけ
⑤ 情報の時期、期日に注意
　（タイミングを失するな）
⑥ 情報源の拡大とストックに心掛ける
⑦ 過去の情報も無駄にしない

情報加工のポイント

① 5W1H　When　→　いつ
　　　　　　Where → どこで
　　　　　　Who　 →　誰が
　　　　　　Why　 →　なぜ
　　　　　　What　→　何を
　　　　　　How　 →　どのように
② 情報は熱いうちに動け

(2) 視点の整理

企業の全体像を把握するにあたっては、「物（商売と業界）」「人（経営者と従業員他）」「金（業績と財政）」の3つの視点にセグメントし、それぞれについて何が良くて何が悪いのか、ストロングポイントとウィークポイントをできる限り明らかにしていきます。

当然、一定の情報をもとに仮説を立て、ヒアリングによりそれを固めていく作業が必要になってきます。特にヒアリングにおいては、3つの視点それぞれについて、確認できる表面的な情報だけを聞くのではなく、想定される問題や課題につながる見えない情報を捉えることがポイントです。具体的な内容については「キーワード話題展開法」の項で詳しく解説していきます。

【物（商売と業界）】

まず、「3W2H」で商売の全体像を掴みます。3W2Hとは、What・Who・Where・Howmuch・Howmanyのことです。

・What…何を売っているのか、作っているのか（製品・商品）
・Who…誰に、どのように売っているのか（市場）
・Where…どこで売っているのか、作っているのか（生産）

物の面（商売・業界）

＜3W2H＞

What ……… 何を売っているのか、
　　　　　　作っているのか
　　　　　　（製品・商品）

Who ……… 誰に売っているのか
　　　　　　（市場）

Where …… どこで売っているのか、
　　　　　　作っているのか（製産）

Howmuch… どれくらいの値段で
　　　　　　（製品単価・商品単価）

Howmany… どれくらいの量を
　　　　　　（商売の規模）

・Howmuch…どのくらいの値段で売っているのか、作っているのか（製品単価・商品単価）

・Howmany…どのくらいの量を作っているのか、売っているのか（商売の規模）

以上の観点から、その企業の実態把握を進めていくわけですが、これをなるべく早く、実際に現場や取扱商品を自分の目と手で確認しながら、把握していくことが肝要です。

その見極めも、短時間でなるべく多くの情報を探りながら、取引にあたって問題となる点や初期段階の与信判断をするための材料探しを行います。

【人（経営者と従業員他）】
特に経営者と実質的な実権者を中心に、情報を確認していきます。また、社内の人員だけでなく、社外の関係者とのつながりに関する情報などにも着目します。思わぬところから、こちらの協力者が現れることも少なくありません。

〈社内〉
「社長」…中小企業経営の善し悪しは、経営者で決まると言っても過言ではありません。経営者の評価の基準は「経営者たる人か」です。
経営理念やビジョンを持っているか、経営に対して情熱と自信を持って取り組んでいるか、指導力や組織運営力があるか、性格や気質はどうか、何が好きで何が嫌いか何にこだわるか、後継者はいるのか、出身や経歴・家族・趣味・人脈などはどうか、を確認します。特に「社長は何にこだわって何を考え、今後事業をどのようにしていくつもりか、日頃の悩みは何か」を確認することが重要です。

「役員」…役員構成と力関係、社長との関係と立場、後継者の有無を確認します。要は、こちら

の味方として取り込むべき人物は誰かを判断するということです。

[従業員]…従業員の態度や姿勢が、そのまま社長と会社の顔になると言われます。従業員の数や男女比率、年齢構成、事務職・技術職の割合と質的な評価はどうかなどを確認し、どのような点で協力できるか、金融機関のビジネスチャンスとしてどのような内容とボリュームが期待できるかを推測しておきます。

[組織]…会社全体の人員構成とともに、どんな組織になっていて、どのような機能をしているのか、どの部門に力を入れているのかなどを探ります。それに対し、効果的な協力事項や支援事項は何かを考えるわけです。

〈社外〉

[税理士・弁護士・弁理士]…顧問の税理士・公認会計士や弁護士・弁理士は誰か、機能しているか、問題ないか、必要あるかなどを探っていきます。

実際、報酬は払っているがあまり役に立っていないという場合があります。特に税理士は単なる帳簿屋になっていることが多く、親の代からの付き合いだからとか、様々なしがらみ、「何となく最初からだから」などといった関係も、中小企業ではよくあります。場合によっては適切な人材を紹介することも必要でしょう。

また、業態として法的な部分での備えが必要なケースもあり、顧問弁護士を設定しておいたほうが良い企業もあります。そのような場合は必要性を説明するべきですし、然るべき弁護士を紹介する機会も出てくるでしょう。

[相談相手]…社長が日頃、誰に経営の相談などをしているかです。顧問税理士なのかコンサルタントなのか、また意外と相談相手がいなくて苦労している場合も多いのが実情です。

[団体役員]…会社としてどのような団体や組合に加盟しているか、社長がライオンズクラブなどに入っていないか、役職などに就いているのかなど、特に人脈を明らかにしていくことがポイントになります。紹介者が得られるなどのチャンスが存在している場合があります。

人の面(経営者・従業員他)

<社内>
- ○社長　　人物はどうか
　　　　　　企業理念・ビジョンは
　　　　　　趣味は、人脈は

- ○役員　　メンバーはどうか
　　　　　　No.2 は誰か
　　　　　　キーマンは誰か

- ○従業員　数、質はどうか

- ○組織　　部署はどうなっているか

<社外>

税理士・弁護士・弁理士
　担当の税理士・公認会計士は誰か
　顧問弁護士は誰か
　問題はないか

相談相手
　誰と相談しているか

団体役員
　所属している組合、団体、役職は何か

【金（業績と財政）】

企業の業績と財政状態を調べることは、金融機関として付き合うべき企業かどうかの初期の与信判断の中で、最も重要な項目です。この入り口のところで危ない会社を見分けることができないと、いざ撤退せざるを得ない場面で大変苦労することが考えられます。

したがって、金融機関として営業活動を行う際の、基礎的かつ不可欠な要素であると考えるべきでしょう。ここで必要なのが、いわゆる「金融の人間として数字に強くなる」ことで、この感性を持つことは絶対条件と言えます。

以下に、その具体的な視点を挙げてみます。

「金食い企業か・金余り企業か」…運転資金が常時必要な業態なのか、設備投資がよく発生するような企業なのか。また反対に「金に苦労しない企業なのか」も探っておきます。

「物持ち企業か・金持ち企業か」…固定資産をたくさん持っている企業なのか、キャッシュを潤沢に持っている企業なのか、本社や工場はいつ頃手に入れたのか、自己資金か借入か、規模はどの程度かなどから、企業の体力を探ります。

「儲かる企業か」…業態として上り調子なのか斜陽業種なのか、企業は黒字か赤字か、粗利はどの程度かなど、収益性を確認して取引判断の指標とします。

「銀行は」…取引銀行はどこか、メイン銀行、サブメイン銀行はどこか、今後の資金調達手段の方向性と考え方はどうかなどを確認しておきます。

第2章●中小企業経営者の理解とアプローチ

金の面(業績と財政)

金食い企業か・金余り企業か

運転資金が必要な企業か(取引条件等から)
設備資金が必要な企業か(設備計画から)

物持ち企業か・金持ち企業か

固定資産をたくさん持っているのか
キャッシュを持っているのか
本社は、工場は
いつ頃手に入れたのか
手金か、借金か、規模は

儲かる企業か

儲かる業態か斜陽な業態か、黒字か赤字か
粗利は何％か

銀行は

メイン銀行、サブメイン銀行は
資金調達計画は

5. ヒアリングによる企業分析法

【B/S・P/L・C/Fを頭で作る】

相手企業の経営者や経理担当者と面談できた時には、まずそこが付き合うべき企業か、つまり初期段階の与信判断をする必要があります。そのためには、企業の数字面の把握をすることが絶対条件になります。前項で述べた「物持ち企業か、金持ち企業か」「儲かっている企業か、金回りのいい企業か」「金のいる企業か、金のいらない企業か」「金融機関とはどんな取引をしているか」などを確認したいものです。

既に取引がある企業の場合、会社に関する資料や決算書などがあるため問題ないでしょうが、新規で訪問した企業の場合、決算書など簡単には見せてくれないでしょうし、質問してもなかなか答えてくれない場合も多いのが実態ではないかと思います。

そこで、自然に相手企業経営者との会話の中で、実際に決算書を見ずとも、想定される大まかな貸借対照表（B/S）と損益計算書（P/L）、キャッシュフロー計算書（C/F）を自分自身の頭の中で整理しながら作っていくのです。

当然、金融機関の業態に応じてヒアリングする幅や深度がおのずと違ってきますが、取引のきっかけとする相手企業の実態把握とニーズの掌握段階でいえば、同じ感性が必要であると言

第2章●中小企業経営者の理解とアプローチ

えます。

銀行であれ保険会社であれ、また証券会社であっても「人様のお金を預かる」、相手からすれば「虎の子の金を預ける」という意味では同じです。信用力を必須条件とする仕事だからこそ、あらゆる金融機関の職員は数字に敏感であり、強くならなければならないのです。

以下に、財務数字をつかむための質問例を挙げてみましょう。

49

【貸借対照表（B／S）の場合】

「ご商売柄ある程度の在庫を持つ必要があると思われますが、月商の何ヵ月分ぐらいお持ちなんですか？」＝流動資産の棚卸資産

「御社の業界から考えますと、回収は売掛、手形の期間が結構長くなるのではないですか。およそ3ヵ月といったところでは？」＝流動資産の売掛債権

「売掛条件が厳しいとおっしゃいましたが、当然支払い関係も同条件以上の手形での支払いで対応されているのですか？」＝流動負債の買入債務

「ご商売からすると運転資金が相応に必要でしょうが、やはり調達は割引ですか？」＝流動資産の短期借入（同時に資金調達状況）

「こちらの土地と建物はいつ頃ご入手されたのでしょうか？　当時の資金調達はどのようなかたちで行われたんですか？　借入だと10年ぐらいですね。では、もう既に3分の2以上ご返済されているんですね」＝固定資産の有形固定資産・固定負債の長期借入金

「資本金は1000万円でしたよね。増資のご予定などございませんか」＝純資産の資本金

貸借対照表(B／S)の場合

流動資産

お金がいるか
＜売掛金・受取手形＞
回収条件の確認
売掛金・手形の期間(サイト)× 月商
　　　　　　　　　　　　　　で推定
例：現金商売ですか
　　業種柄手形お取引が多いのですか
　　50％くらいは手形ですか
　　期間は３ヵ月程度ですか
＜商品在庫＞
平均在庫(適正在庫)を確認
例：ご商売上１ヵ月か２ヵ月
　　程度の在庫を持たれてい
　　ますか
　　月商の２ヵ月くらいの在
　　庫ですか

固定資産

物持ちか
＜土地・建物・生産設備＞の
有無と必要性を確認
例：随分お広いですが、○坪くらいで
　　すか
設備ニーズは
例：ご本社(工場)はいつ頃手に入
　　れられたのですか
　　当時でしたら坪○万円くらいした
　　でしょうね
含み資産は
例：全額銀行調達されたのですか
　　10年くらいの償還ですか
　　リースは使われてますか
　　生産のキャパは十分なんですか
　　新規の設備投資のご計画は

流動負債

借入が多いか
＜買掛金・支払手形＞
支払条件の確認
回収条件と同時に確認し月商から推定
例：仕入先の安定に何か工夫されてい
　　ますか
＜短期借入金・割引手形＞
　　運転資金の必要が確認さ
　　れたら聞く
　　例：ご調達は割引ですか
　　　　運転資金・在庫資金
　　　　はどのように

固定負債

取引銀行は
＜長期借入金・社債＞
　　固定資産のヒアリング
　　と同時に確認
　　固定資産の取得年月
　　と経過期間から推定

純資産

自社株の評価と事業承継
株価の話題から絡めて聴取

【損益計算書（P／L）の場合】

「年商はおいくらぐらいですか？」「御社の主力商品は何ですか。売上全体に占める比率はどのくらいですか？」＝売上高

「御社のようなご商売ですと、平均的な粗利益率は○％程度確保できるものですか。平均的な販売単価はいかほどですか？」＝売上総利益

「従業員さんの数は何人ぐらいですか？　年間固定費（または月間固定費）は○万円ぐらいはかりますね（平均人件費５００万円程度と想定し、プラス推定経費を加えて聞いてみる）」「固定費を賄っての１０％程度の利益は確保できるんですか？」＝営業利益または経常利益

【キャッシュフロー計算書（C／F）の場合】

「御社のキャッシュポジション（または手持ち資金）は月間固定費の何ヵ月分ぐらいが適正とお考えですか？」「今期はご商売の回収や支払いなどの取引面で何か変化はありましたか？」＝手持キャッシュフロー・営業活動キャッシュフロー

「今期大きな設備投資や逆に売却などは何かあったのですか？」＝投資活動キャッシュフロー

「今期は資金調達面でのご苦労はあったんですか？」＝財務活動キャッシュフロー

以上のような大枠でヒアリングをしながら、頭の中の財務諸表に展開して特徴を捉えるようにします。これにより、攻めるべき先なのかそうでないのか、何が営業のポイントかが数字の裏付けをもって得られることになります。

第2章●中小企業経営者の理解とアプローチ

損益計算書(P／L)の場合

売上高	<売上高> 主力商品から推定する 例：主力商品、ヒット商品はA商品ですか 　　売上全体の50％程度ですか 　　1台の単価は結構高いんでしょうね 　　年間○台ぐらい出るんでしょうね 　　月商○ぐらいですか(少し多めの数字を言う)
売上原価	
売上総利益	
販売費・一般管理費	<売上総利益> 例：業種柄粗利は35％〜40％(製造業の場合)くらいですか 　　　　　　　　　　20％(卸売業の場合)
営業利益	<営業利益> 人件費、賃貸料の話題を中心にヒアリング 例：こちらだけでも○人ぐらいいらっしゃるようですが 　　全社員さんで何人ぐらいですか 　　工場以外の人員は何人くらいですか 　　若い人が多いようですが平均年齢は○歳くらいですか 家賃 例：このあたりの坪単価は○ぐらいですが、御社はどうですか 　　何坪ぐらいの広さですか。家賃負担も大変でしょう
営業外収益	
営業外費用	
経常利益	
特別利益	
特別損失	
税引前当期純利益	<経常利益> 支払金利の話題で 例：金利負担は重くないですか
法人税等充当金	
当期純利益	

Point　具体的金額で聞く。利益率で聞く。
B/S、P/Lも、ただ数字を聞くのではなく変化の原因を聞く。

　　　収益対策に何ができるか
　　　節税対策に何ができるか

6. 財務諸表から見つける企業ニーズと経営者ニーズ

ヒアリングで財務諸表を推定していく段階では、そのプロセスにおいて企業ニーズの発見へとつなげていきたいものです。例えば流動資産面のヒアリングから「手形回収が増えていて困っている、在庫が増加していて苦労している」などの情報が確認できたら、資金調達面での支援提案に結びつけられないかと考えるべきでしょう。

これをさらに展開すると「資金面の安定を図るには何が決め手なのか、そのことでの支援事項はないか、販売先や業務提携先の斡旋はできないか、在庫管理の改善に向けたコンサルティングや倉庫費用軽減につながる場所の紹介、在庫や仕入条件が有利になる納入先の斡旋はできないか」など、様々な視点から検討していくことが可能なはずです。

損益計算書面でも同様で、特に売上総利益（粗利）面でのヒアリングから、改善面の切り口を検討していくことで、さらなる支援事項が浮かんでくると考えられます。

では、財務諸表のどの部分にどのような企業ニーズが存在しているのかを考えていきましょう。企業の「変化のシナリオ」を探っていくことが大事です。

ここでは、とりあえず財務諸表のB／S・P／Lに関して、問題とニーズを確認していくのです。できるだけ前々期と前期の時系列比較で検討することが大事で、どのポジションでどのようなこ

54

第２章●中小企業経営者の理解とアプローチ

(1) 貸借対照表（B／S）から見えるニーズ

貸借対照表は、企業の財政状態を表したものです。企業経営上のニーズ、特に資金面のニーズが中心に分かります。例えば、手持ち資金の状態や企業の取引ボリューム、在庫の所有状況、不動産や設備投資関係の状況、関連企業や投資運用状況、資金調達手段や過去の業績などが見えてくるのが貸借対照表です。企業の歴史と現在の体力が分かると言っていいでしょう。

○流動資産の部

売掛債権（受取手形・売掛金）や棚卸資産（在庫・商品・製品・原材料）が多いということは、運転資金が必要な企業と考えられます。いわゆる「資金調達ニーズ」です。また、在庫が多いということは、その保管スペースの問題、品質保全の問題等から「不動産ニーズ」や商品・製品に対する「物的リスクマネジメントニーズ」が発生していると言えます。

さらに経営的には、いかにして受取手形を少なく、現金回収を増やして、売掛金を早く回収するか、あるいは在庫を少なくし、回転率を上げるためには何をなすべきかといった経営課題とニーズが発生していると言えます。

○固定資産の部

土地・建物等の不動産や機械等の「不動産の有効活用ニーズ」や「物的リスクマネジメント

55

ニーズ」が明らかになります。また投資等での「関連企業取引ニーズ」、差入保証金であれば店舗・営業所拡大に伴う「不動産ニーズ」や「資金調達ニーズ」が発生しているといえます。

○ 流動負債の部
売掛債権・棚卸資産のための運転資金調達方法と借入状況を分析すれば、「金利負担軽減ニーズ」「増額調達ニーズ」が把握できます。また、借入負担を少なくするための経営ニーズとして、販売先、販売商品、仕入先、外注先、生産体制の見直しまで発展したニーズも存在します。

○ 固定負債の部
設備投資等に伴う資金調達内容の検討により、調達方法の問題や負担金利水準の問題、今後の調達計画等が明らかになるでしょう。資金調達に伴う支援（貸付、金融機関の斡旋）やリースの斡旋、私募債・社債の引受等の「資金調達ニーズ」が出てきます。
退職給付引当金からは、年金制度や退職金制度の見直し、中小企業退職金共済、小規模共済等の公的制度の利用等の「福利厚生ニーズ」が分かります。

○ 純資産の部
資金調達手段としての「増資ニーズ」があります。特に未上場企業で言えるのが、事業承継にあたっての自社株評価が問題となることです。自社株の評価によっては、多額の相続税が発生しますので、この支払資金の準備として「経営者保険」のニーズがあるわけです。さらに、株式の公開・上場に関するニーズもあると言えます。

56

B/S（決算書から何を読み取るか、ニーズは何か）

流動資産	・手持ち資金は豊富か ・運転資金が必要か ・在庫資金が必要か ・貸付金は何か **運用ニーズ** 預金・保険・投信 **調達ニーズ** 借入・増資 **リスクヘッジニーズ他** 倒産防止・保険 在庫スペース斡旋	・借入は多いか ・どこから借りているか **資金ニーズ** 借入・仕入先斡旋 **リスクヘッジニーズ** 借入に見合うヘッジ保険	流動負債
		・何の借入か ・退職金の準備はどうか **調達ニーズ** 借入・私募債・リース **退職金ニーズ** 中退共・年金保険	固定負債
固定資産	・資産は何を持っているか ・いつ頃手に入れたか ・含みはどうか **資産購入・売却ニーズ** 不動産・保険・建設 **資産有効活用ニーズ他** 不動産・建設 借入・保険	・自己資本はどれくらいか ・過去の業績はどうか **増資ニーズ** 株式取得 **事業承継ニーズ** 自社株対策・借入・経営者保険	純資産

(2) 損益計算書（P／L）から見えるニーズ

「ヒト」「モノ」「カネ」から見る

　損益計算書は、企業の1年間の経営成績を表したものですが、これによって「収益構造の改善」のために何をなすべきかという、具体的企業ニーズが見えてきます。また、売上げや経費の金額から、生産・営業など体制面の規模と運用面の規模が推測できます。
　推測した規模に業種的な特徴を加味して考えていけば、その企業がどれくらいの設備を持ち、どれくらいの従業員を使って経営をしているかが推測できます。その推測から、「ヒト」「モノ」「カネ」の各面でのニーズが何であるかを検討していきます。また業務の危険度からは、従業員の福利厚生も含めた対策の必要性及び必要量の検討ができるとも考えられます。

【利益3段階での検討】

　損益計算書から企業ニーズを検討する場合は、『利益3段階』で考えていきます。利益3段階とは、「売上総利益」「営業利益」「経常利益」のことです。なぜ利益3段階なのかと言うと、企業というものはどのような業態であっても、絶対に「本業で儲かっているか」にこだわるべきだからです。どれだけ最終利益が出ていても、営業利益・経常利益で赤字では、良い会社とは言えません。

第２章●中小企業経営者の理解とアプローチ

逆に、どれほど赤字でも、営業利益・経常利益で黒字であれば、赤字の原因が致命的な問題でない限り、本業では儲かっているわけですから、復活すると考えるべきです。金融機関としてどちらと付き合うかと言えば、間違いなく後者を選択するでしょう。

利益3段階のうちで企業ニーズが最も現れてくるのは、「売上総利益」いわゆる「粗利益」です。粗利益の改善こそが企業経営の柱です。粗利益の改善の話ができれば、おのずと経営課題の抽出とニーズ掌握につながっていきます。

粗利益の改善をするための切り口として、「市場」「商品」「生産」という視点があります。これは、粗利益の改善だけに限ったものではなく、あらゆる経営課題の改善に通じることでもあります。

「市場」とはマーケティング（市場戦略）のことです。販売先や販売チャネルはもちろん、ビジネスモデル全体も含めたものです。

「商品」とはマーチャンダイジング（商品戦略）のことです。いわゆる品揃えのことですが、新商品の開発や取扱い業務内容の見直しまで考えたものです。

「生産」とは生産体制（生産性）のことです。製品の製造方法、商品の仕入先、材料の見直しの他に、従業員の営業力や処理能力等のスキル向上による質や量などの生産性の改善などがあります。そこに、営業斡旋、業務提携先斡旋、仕入先斡旋、生産コスト削減、社員教育の提案など様々なニーズが存在します。

次に「営業利益」では、いわゆる一般経費の削減がニーズの中心となります。ここでは、人件費や家賃負担の見直し等がポイントになりますが、コストダウンニーズに限らず、各項目をよく見ていくと、それぞれに福利厚生ニーズや不動産ニーズ等、様々な課題があることが分かってきます。人件費から役員数や従業員数を推測して、個人取引ニーズを抽出していくことも可能と言えます。

「経常利益」では、借入利息の負担と関係会社からの配当金収入等が、課題の抽出とニーズ掌握のポイントです。借入利息の負担が多いとすれば、低利での資金調達ニーズがあるでしょう。直接調達も含めた調達手段の見直し支援や、金融機関の斡旋、助成金制度の活用などが考えられます。

さらに、単なる金融の問題で終わらせないこともポイントです。借入体質となっている原因である、運転資金ショートを発生させないための対策として、新たな販売先の紹介、新商品の開拓・開発支援や有利な条件の仕入先・外注先の斡旋、新業態への進出支援等、本来は「粗利益の改善」で検討する項目にまで広げて提案していくことが重要と言えます。

第2章●中小企業経営者の理解とアプローチ

P/L（販売体制・販売強化ニーズ）

売上高
売上原価
売上総利益
販売費・一般管理費
営業利益
営業外収益
営業外費用
経常利益

売上総利益 ← 仕入先・外注先の斡旋ニーズ / 新商品開発・新チャネル開拓ニーズ / 生産体制見直しニーズ / 利益補償ニーズ

販売費・一般管理費 ← コストダウンニーズ / 節税対策ニーズ / 福利厚生ニーズ

営業外収益・営業外費用 ← 関係会社支援ニーズ / 調達方法ニーズ

7. 話題展開のポイント

【相手の土俵に乗ってやる、いずれこっちの土俵に引っ張り込む】

企業経営者と話をする時は、経営者が何を想い何を悩んでいるかを前提として話題をスタートさせることが何よりも大事です。「セールスよりも先にやるべきことがある」です。

前項で説明しましたが、企業経営者は「明日の商売と明日の金」を第一に考えているわけですから、いきなり自分たちの商品セールスをするのではなくて、まず相手企業の商売と金を中心としたヒアリングから入っていきます。

いったん相手企業に喋らせるだけ喋らせる、そして真剣に相手のことを考えていると感じさせるのですが、これが「相手の土俵に乗ってやる」です。そこで経営者が本当に今望んでいることや苦労していることを顕在化させていきながら、いよいよ金融機関として支援できる方向へ話題展開をしていくのです。これが「いずれこっちの土俵に引っ張り込む」です。

相手に話をさせるということは実は非常に難しく、話をしたくなるような自分の印象付けも重要な要素です。さらに、様々な話題に対応できるだけの知識装備も必要になってきます。

「この人は話がしやすいな。話せるな」「真面目に聞いてくれるな。真剣だな」また「この人はいろいろと情報通で詳しいな」「勉強してもら
えるような傾聴の姿勢が大事です。

第2章 ●中小企業経営者の理解とアプローチ

るな。自分の考えをきっちり持ってるな」と認めてもらえる準備と努力も、必要だということです。

面談初期段階での具体的対応のポイントは別の項で紹介しますが、面談におけるスムーズな話題展開方法を身に付けておくことは、法人営業の絶対条件と言えます。そのためには、様々な情報から効率的かつ効果的な情報ソースを選択すること、そして最終的に目指す支援項目へと結び付けていくクロージングを意識することが重要でしょう。

8. 話題展開方法の極意 ～キーワードによる話題展開の方法

では、どのように話題を展開していけばいいのでしょうか。

よく「話のネタに困る、話題がないためすぐ商売の話になってしまい、引かれてしまう」と言う人がいます。しかし、そんなに話のネタが見つからないものでしょうか。筆者は「ネタなんかゴロゴロ転がっている」と考えます。企業経営者が何に悩み、何を一番考えているのかがよく分かっているなら、おのずと話のネタなど見当が付くはずです。

よく考えてください。自分の回りを見渡しても、帝国データバンクや業界紙、業界の市場関連データ、税制改正や経営に関連する法律の資料などなど、情報は様々あります。その情報から何かを感じて、相手企業に結び付けることができないか、さらに支援事項に結び付けることができないか。そうした「つないでいくノウハウ」を修得すれば、「話に困る」などということは絶対あり得ないのです。

【キーワード話題展開方法】

ここで、様々な情報からポイントをピックアップして会話を展開していくための、情報のポイントのことを「キーワード」と言うことにします。まず、話題展開をスタートする際のキー

第2章 ● 中小企業経営者の理解とアプローチ

ワードを「ピックアップキーワード」とし、このピックアップキーワードから、相手企業の問題や課題へと展開していく際のポイントを「メインキーワード」と呼ぶことにします。

そして、企業の課題や問題から、金融機関として何ができ、何をすべきなのかという支援・協力事項へと展開していく段階でのポイントを「ターゲットキーワード」と言います。この、「ピックアップキーワード」「メインキーワード」「ターゲットキーワード」を活用した話題展開方法を、「キーワード話題展開方法」といいます。

一般的なやり方としては、情報ソースからピックアップキーワードを選択する段階で、一定のターゲットキーワードを想定して考えます。当然ターゲットキーワードが変化することも、場合によってはピックアップキーワードを変えなければならない局面もあり得ます。したがって、複数のキーワードを事前に用意しておくのがベストと言えます。

情報源としては、帝国データバンクや東京商工リサーチの資料、日本政策金融公庫総合研究所が発刊している「小企業の経営指標」や各種業界紙などで、これらを「資料情報」と呼びます。この資料情報は、広義には新聞記事や雑誌記事、テレビニュースなども含まれます。一方、企業を直接訪問し、現場で確認する情報のことを「環境情報」と呼びます。

以上の情報ソースから、企業経営における課題や問題などに展開できる情報をピックアップし、問題や課題を確認・共有します。その上で、金融機関として支援できる項目へと展開することで、取引契機を開発していくのです。

キーワード話題展開方法の最も大切なポイントは、各種資料や現場で発見できる情報を感性豊かに捉えることであると言えるでしょう。

66

第2章●中小企業経営者の理解とアプローチ

キーワード話題展開方法

Step1. キーワードの抽出

各種情報ソースから話題展開の「キーワード」を探し続ける努力が必要になる。

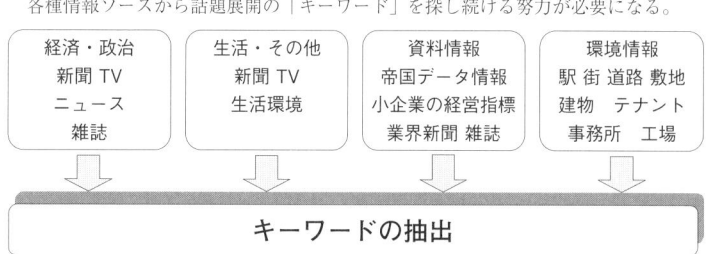

| 経済・政治
新聞 TV
ニュース
雑誌 | 生活・その他
新聞 TV
生活環境 | 資料情報
帝国データ情報
小企業の経営指標
業界新聞 雑誌 | 環境情報
駅 街 道路 敷地
建物 テナント
事務所 工場 |

⇩ ⇩ ⇩ ⇩

キーワードの抽出

できれば、具体的資料(例えば記事のコピー等)を持参すると尚良い。
あらゆる情報に敏感になり、小さい情報からキーワードへの展開センスを磨き続ける。

Step2. キーワードの展開

キーワードから会社の個別の問題への質問を展開する。あらゆる情報をリンクさせていく努力と工夫が必要になる。

キーワード ⇒ 会社の問題 → 人／金／商売

Step3. 個別の課題から提案への展開

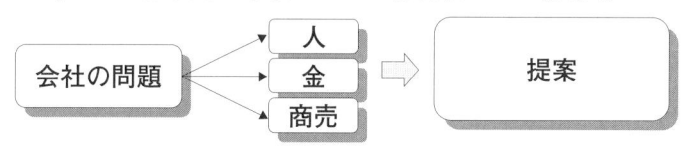

会社の問題 → 人／金／商売 ⇒ 提案

様々な個別問題または想定した問題から提案を投げかけてみる。
提案は相手がイメージできるように、よりビジュアルに、より具体的に話を持っていくことが必要である。例えば、ビジネス交流の場合でも具体的企業名の提案や実際の成功例を持参すると良い。

9. 資料情報によるキーワード話題展開方法

(1) 帝国データバンク・東京商工リサーチ

【どこの金融機関も同じデータを持っている】

法人営業でよく使われる資料情報として「帝国データバンク」「東京商工リサーチ」の調査資料があります。情報には会社の設立や業種・従業員数・販売先・仕入先・業績・役員構成・代表者の属性等が織り込まれています。

筆者も銀行員時代、飛び込み営業の基本資料としてよく活用していましたし、面談時の話題の材料としてもよく利用していました。では実際の現場では、どのように利用していけばいいのでしょうか。これらのデータには、お客様のことを知るに十分な内容が入っていますから、様々な質問も可能でしょう。

しかし、気を付けなければならないことは、帝国データや東京商工リサーチの資料は、どこの銀行でもどこの保険会社でもどこの証券会社でも、金融機関であればほぼ同様の資料を利用しているのが実態です。したがって、単純に表面的な情報から質問をしても、企業側としては他でも同じようなことを言われているため、「またか…」と感じるわけです。さらに、毎回その

質問の後でセールスを受けている経験から、自然と防衛本能が働いてしまうのです。

私も経験がありますが、例えば、販売先に自行と親しく取引していたり株の持ち合いをしたりしている企業が載っているような場合、「これは、その企業との関係から取引をしてくれるかもしれないな。販売先に気を遣ってくれるだろうから…」などと勝手な期待を抱くわけですね。それで、「社長さんのところは、A社さんとお付き合いがあるんですね。実は私どもも大変親しくさせていただいているんですよ」などと切り出し、暗に強要とも取られかねない印象を与え、「だから何なんだ」と逆に不快な印象を与えてしまうことになるのです。

当たり前ですが特に販売先に対しては、それでなくても気を遣い、厳しい要求のため非常に取引継続に苦労していたり、また場合によってはいじめられていたりすることもあるのです。関係があるからといって上の立場からモノを言うかのような対応では、拒否反応と不快感を抱かれるのも当然と言えます。

また、従業員の人数から安直に「たしか、従業員さんは30名ぐらいおられるとのことですが、皆様の福利厚生はどのようなことをされているのですか」などと保険セールスの臭いをプンプンさせるようでは、自然に防衛本能が働くものです。表面的な情報ソースから、誰もが考えつくような内容で質問をしたのでは、どこにでもいる三流の営業と言っていいでしょう。企業の個別の問題や悩み、今後の方向性」を確認する利用する場合、まずその情報から想定される「企業の個別の問題や悩み、今後の方向性」を確認することからスタートするべきです。もっと簡単に言えば「社長が何を考えている

のか、何を悩んでいるのか、何を望んでいるのか、今後会社の事業をどうしようとしているのか」など、会社側の立場に立った話題を先行して出していくことです。

例えば「従業員数」をキーワードとして活用する場合、「今後の採用計画・定着率の状況・年齢構成の問題」などを切り口とし、企業としての悩みや課題を顕在化させた上で、「人材斡旋企業の紹介や採用広告手段の見直しなどによる人材採用率向上策、および様々な福利厚生施策の活用や人事制度の見直しなどによる定着率向上」などに展開して、金融機関として協力できることがないのかを打診していくのです。

(2) 小企業の経営指標

【1つの比率と2つの実数値】

次に、資料情報でよく活用する情報ソースとして、日本政策金融公庫総合研究所が毎年発刊している「小企業の経営指標」があります。2分冊で細かい業種別に分類されており、従業員数の規模別に区分したデータが掲載されています。

一般的に公表されているデータは業界の全体平均値が多く、業界団体などでさらに細かい数値が公表されていることもありますが、従業員数が1桁からせいぜい数十名前後の中小企業では、資料との比較が難しいケースが少なくありません。とはいえ、「小企業の経営指標」は中小企業経営者にとって身近に感じられるデータであると言えます。したがって、情報提供サービ

第2章●中小企業経営者の理解とアプローチ

小企業の経営指標

[比率分析表①]

従業員規模別経営指標（製造業）

	一般機械器具製造業							
	1～4人		5～9人		10～19人		20～49人	
	調査対象数 (317)		調査対象数 (331)		調査対象数 (202)		調査対象数 (101)	
	平均	標準偏差	平均	標準偏差	平均	標準偏差	平均	標準偏差
収　益　性								
1. 総資本経常利益率(%)	1.9	12.6	2.8	9.3	2.5	6.9	1.3	7.4
2. 自己資本経常利益率(%)	13.6	164.6	49.3	194.0	25.3	59.1	28.7	78.7
3. 売上高総利益率(%)	49.7	24.6	37.5	21.2	31.1	19.3	24.9	17.9
4. 売上高営業利益率(%)	0.8	9.9	2.4	7.5	2.8	5.6	2.0	5.3
5. 売上高経常利益率(%)	0.5	9.3	1.4	7.3	1.9	5.4	0.9	5.0

　ただし、最大31種類の財務比率が掲載されていますが、残念ながら中小企業経営者でも理解していない比率が多いため、実際の現場で活用できる指標はごく僅かと言えます。

　考えてみてください。特に新規の企業への訪問時に「財務諸表」を簡単に我々に見せてくれるところなどあまりないですよね。

　当然何も見ないで経営者と話をするわけですから、経営者が何も見なくても簡単に計算できる比率や、何も見なくても簡単に分かっている比率に、話題は限定されてくるのです。同時に、それは中小企業経営者にとって興味深い数字でなければならないのです。

　そこで、3つの指標に着目します。

【売上高総利益率】

売上高利益分析の「売上高総利益率」とは、いわゆる「粗利益率」です。粗利益（粗利）は企業経営者が最も気にしている数字で、極端な言い方をすれば、粗利は経営者との会話で最も大事な話題であると言っていいでしょう。

経営者であれば、自分の会社の粗利益率と、今期あるいは今月の固定費を賄えるだけの粗利の絶対値が稼げているかどうかを、日頃から考えているものです。したがって、粗利益率は経営者の頭の中に常に入っていると考えてよいのです。

では具体的に、どのように話題展開していくかというと、まず「社長、失礼ですが、一点お聞きしたいことがあります。御社と同業種で同規模の企業平均粗利益率は〇％とのデータがありますが、御社と比較してどうお感じになりますか」と尋ねます。

数字を聞いた社長が「平均がそんなにはないだろう」との返事であれば、「いや、これは日本政策金融公庫が調査している公式なデータですから、信憑性がありますよ。御社がこの平均値より低いとすれば、販売先や販売方法、または品揃え上の問題はございませんか、もしくは生産体制に問題はありませんか、見直しをする必要はありませんか」と、具体的な「市場・商品・生産」の三つの切り口で、経営上の問題や課題を顕在化させる話題に展開します。さらに「それぞれの見直しの中で、私どもがほんの少しでもお役に立てることがあれば協力させていただきたいのですが」と打診していくわけです。

売上高総利益率(粗利益率)

問題ありの場合

・営業原価・完成工事原価の内容の問題(材・労・経)
・外注政策に問題はないか
・受注単価が悪いのではないか
・業界の現状と成長性に問題はないか

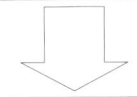

⬇

問題解決の提案

・当該企業の得意分野での営業斡旋を協力できないか
・他社との提携協力関係の斡旋ができないか
・優良な外注先の斡旋はできないか
・付加価値増加の為の新規事業の提案や新規マーケットの斡旋協力はできないか

【従業員一人当たりの売上高】

次に「一人当たり売上高」です。これは、社長が何も見なくても簡単に計算できる数字です。

具体的には「社長さんのところと同業種で同規模の企業の、従業員1人当たりの売上高は○千円というデータがありますが、いかがですか」との質問を投げます。

粗利益同様「そんなにあるのか」との反応であれば、同じように公式のデータであることを説明し、従業員の生産性向上を図る対策として、やはり先に記述した「市場・商品・生産」の見直しから「販売先や販売マーケットそのものの見直しや、商品構成の見直し、従業員教育や業績評価制度導入などによる生産性改善などを検討されてはいかがですか。私どもでお手伝いさせていただけることがあれば是非ご協力させてください」と表明しましょう。

74

従業員1人当たりの年間売上高（完成工事高）

問題ありの場合

・過剰人員ではないか
・作業効率が悪いのではないか
・従業員の質的問題はないか
・業界の成長性に問題はないか
・受注内容に問題はないか
・外注体制に問題はないか

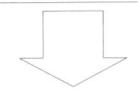

問題解決の提案

・当該企業の得意分野での営業斡旋で協力はできないか
・付加価値増加の為の新規事業や他社との提携・協力関係の斡旋ができないか
・従業員教育等での支援ができないか（各機関の紹介も含む）

【従業員一人当たりの人件費】

次に「従業員一人当たり人件費」です。「人件費」には退職金や福利厚生費も含まれていますから、その点は前段で断っておく必要がありますが、これを元に概算で算出し打診するわけです。

具体的には、「御社と同業種で、ほぼ同規模、21〜50人の会社の平均ですが、従業員一人当たりの人件費が◯千円という数字が出ています。人件費には退職金や福利厚生費も含まれていますから、多少それよりは低いはずですが、社長のところはいかがですか？」と質問します。

「そんなに低くはないだろう」とか「高くはないだろう」との返事があれば、「人員構成の見直しや給与体系・評価制度の導入や見直し」に支援事項がないかを打診していくのです。

特に、この質問をするにはタイミングがあり、4月・6月・12月頃がベストです。これがどのような時期かというと、ベアとボーナスの時期なのです。

企業経営者はこの時期、どんな心境なのでしょうか。

それは「いやな季節が来やがった。新聞やテレビで、ベア満額回答だの前年対比大幅増だの、余計なことを言いやがって。うちも払わなければならないだろうな、よそはどの程度払っているんだろうか」と、他の中小企業の実態を非常に気にしているのです。したがって、情報提供としても大きな価値があると言えます。

従業員1人当たり人件費

問題ありの場合

- 給与水準に問題があるのか
- 年齢構成に問題はないか
- 人材確保に苦労はないか

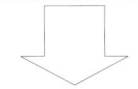

⬇

問題解決の提案

- 給与体系の改善提案ができないか
  （専門各機関の紹介も含む）
- 採用体制に対する協力ができないか
  （斡旋機関も含む）
- 従業員教育での支援ができないか
- 余剰人員の活用の提案ができないか

(3) 新聞・雑誌・ニュース

【タイムリー情報の活用】

他の資料情報としては、新聞記事や雑誌、さらにテレビ・ラジオのニュース等が考えられます。前述の「資料情報」の中でも、この種の情報は「タイムリー情報」と呼ばれます。

これらは、極めて共通の話題へと展開しやすいのですが、一歩間違うと「ただの世間話」になってしまうことがあります。

なかには、この種の話が「得意」だと勘違いしている営業担当者もいます。情報量と見識の広さをアピールするのはいいのですが、一通り話をした挙句、「ところで今どちらの金融機関とお付き合いですか」と突然セールスに入ってしまうのです。

これをされた経営者が何を思うかと言うと「何だ、散々世間話をしておいて、やっぱりセールスか。だったら世間話なんかしないで最初から本題に入れ、すぐに断ったのに。時間の無駄だった!」と考えるのです。経営者は、世間話をしているほど暇ではありません。

世間話を世間話で終わらせないためには、タイムリー情報を訪問企業の経営実態や現状の問題・課題につなげていく話題展開が必要なのです。

例えば、「最近の原油の動きが今朝の新聞でも報道されていましたが、相変わらず不安定な値動きが続いてますね、社長さんのところは原油の関係で製造原価に影響が出ているなどとい

ことはないのですか」「そう簡単に販売価格に転嫁できないとすれば、その他の材料や経費関係の見直しで少しでも影響を喰い止めないといけませんね。その点でほんの僅かなことでも我々がお役に立てることがあれば、是非ご協力させてください」と、社長が日頃から考えているであろう企業経営の関心事を想定して、質問を積み重ねていく話題展開をするのです。

そうすれば経営者は「よく勉強しているし、我々のこともよく気にかけてくれている。さすが金融のプロだな」と高い評価を与えてくれるでしょう。

「資料情報」と「環境情報」の具体的話題展開方法の詳しいポイントは、第3章でも記述しますので参考にしてください。

10・忘れちゃいけない法人営業のタブー

【社長は社長、礼儀を忘れない】

どんなに小さい企業でも「社長は社長」であることを決して忘れてはいけません。親しみやすく、フランクな経営者に会った時こそ注意が必要です。

私も苦い経験がありますが、先方の親しげな態度に乗じて、こちらも親しい間柄で使う言葉遣いで話してしまい、さらに態度までくだけた姿勢で接していたところ、実は相手社長は笑顔の奥で不快感を感じていたようで、その後二度と面談してくれなかったことがあります。

事実、経営者はわざと親しい態度をとり、担当者を「値踏み」している場合があるのです。

どんなに小さい企業でも社長は一国一城の主であり、サラリーマンと違って所得の保証もなく崖っ淵で生きているとの自負があります。また、多くが人生の先輩でもあり、最低限の礼儀は絶対条件なのです。特に金融機関の人間に対しては「大企業の、優秀な人間」と意識して、構えているのが実態なのです。下手に出てみて様子を窺い「やっぱり大企業だな」と距離を感じてしまうと、なかなか本音のところで話をしてくれることはないのです。

どんなに親しい感じで話をしてきても、特に面談の最初と最後にはこれ以上ないくらいの丁寧な言葉と態度で挨拶だけは忘れないでください。「社長は社長」なのですから。

11. 断られたときにどう対処するか

【門前払いぐらい当たり前、断られた時ほどチャンス】

新規開拓で訪問しても、多くの場合は話も聞いてもらえず門前払いです。話を聞いてから断られるのは、まだマシと言えるでしょう。

この、一度でも話を聞いてくれたという場合ですが、ここで簡単に諦めてはいけません。話を聞いたということは、何らかの微かな期待があったからと考えられるからです。こうした企業には、時期をずらして再度面談を試みるべきです。

断られた理由は、抱いていた期待と面談時の話の内容に、乖離があったからでしょう。言わば面談初期の「小さな興味と小さな信頼」の獲得に失敗したか、「値踏みでプラスを感じさせること」ができなかったと考えられます。

したがって、企業の立場に立った「悩みと問題」に特化して話題を展開し、支援項目の顕在化と協力姿勢を明確に示してみることが肝心です。金融の営業は、たった1回の面談で取引ができるほど甘くはありません。しかし、「断られた時ほどチャンス」であると、肝に銘じてください。

【新規は失うものはない。良いことをしに行っているんだから、堂々と行け】

では、門前払いをされた時にはどうすればいいでしょうか。

「門前払いは当たり前、自分と付き合えば価値が分かってもらえる、損は決してさせない」。この気持ちと姿勢を忘れずに、何度でも訪問するべきです。相手企業の本業に関する具体的テーマを持ち込み、面談の依頼を頼むことです。

取引がない新規先の場合、極端な言い方をすれば「失うものは何もない」「企業にとってメリットのあることを提案しようとしている」わけですから、堂々と「話ぐらい聞いてもいいじゃないか」と行けばいいのです。

以前、私は受付の事務員さんに門前払いされた時、席の配置から役職者らしき人を指差し、「あちらにお座りの方は、経理か総務関係の部長さんですか」と聞いたところ、受付の方は怪訝な顔をしながらも「ええ、経理部長ですが…」と答えてくれました。そこで、その部長に向かって「部長！ 大変失礼ですが、御社のご商売の件でお話があるんです。10分程度話を聞いていただけませんか」と直接呼びかけたのです。

そして、席に近よっていき、名刺を出しながら、「図々しいと思われるかもしれませんが、今日はお取引をいただくとか、お願いをするつもりは全くありません。御社のご商売に関して、私どものネットワーク等で何かお役に立てることがあるんじゃないかと考えております。私どもが本当に役に立つかどうか、一度試していただいてもいいのではないですか。もしこいつは

82

第2章●中小企業経営者の理解とアプローチ

役に立たないと思われたら、その場で、二度と来るなと言ってもらってかまいませんから」と詰め寄り、実際の面談を実現させたことがあります。

もちろん、あまり無茶なことはすべきではありませんが、このように堂々と「ギブ＆テイク」を条件に当たってみることです。良いことをしに行っているという確信と、自分の付加価値に自信を持って訪問することです。逆を言えば、確信と自信が持てないなら行くべきではないという言い方もできるでしょう。

ただし、何度訪問してもダメな企業は当然あります。ある程度のところで見切りをつけることも必要です。大事なことは、同じところに何度も訪問することよりも、訪問企業数を増やしていくことです。

営業の基本は「訪問先数×確率」であり、いかに企業数を増やし、いかに確率を上げていけるかが、成功の条件となるのです。

12・いじめられたときにどう対処するか

【話をとことん聴いてあげる、手柄をあげる】

たまに、金融機関ズレしているというか、無理難題や嫌味を言ってくる経理や総務の担当者がいます。資金繰りの項でも説明しましたが、経理や総務はどちらかと言うと日陰の仕事で、なかなか営業や企画のように陽が当たらず、日頃の不満やストレスを経理・総務の下請けのような立場である金融機関にぶつけてくるというのが、私の経験でもあります。

そうした担当者とうまく接する方法ですが、社内の不満や悩みをよく聴いてあげることと、経理や総務がいかに重要な仕事かを認めてあげることがポイントです。また、そのような性格の担当者は「会社にとって」ではなく、「自分にとってどんなメリットがあるか」を優先しますから、会社のニーズと同時にこれも検討する必要があります。とにかく「相手を立てて得を取る」が決め手です。そうすれば、いじめは親しみに変わり、関係が円滑となるでしょう。

ただし、同時にそのような担当者の場合、他の実権者との接点を必ずパイプとして作っておくことが肝心です。どうにも手に負えない担当者もいますから、そんな場合は担当者を跳ばして上と直接コンタクトする場合もあります。そんな担当者の場合、社内的にも問題視されていることが多いのです。

13. 褒められたときにどう対処するか

【褒められた時こそ気を付けろ】

よく、面談の初期段階から盛んにその担当者や勤める金融機関のことを褒める社長がいます。一般的に、このような傾向のある人は、逆に何かの不満や距離感を感じており、それが皮肉となって現れているケースが多いものです。その場合、自分自身や金融機関についてよく理解してもらう必要があります。具体的な事業等で役に立てることは何なのか、何に不満や距離感を感じているのか真意を話してもらえるように、真摯に誠実に対応していくべきでしょう。

【謙虚が大事】

一方、何かしらのアドバイスや支援活動等の中でも、感謝を込めて褒めてくれる場合もあります。その場合は「少しでもお役に立てたとしましたら、私としても幸せであります。ただ、まだまだ力不足ですから、今後も是非ともいろいろ宿題をいただきたいと思います」と謙虚に対応することがポイントです。

実は、こうした会話の中でも「値踏み」をされている場合があるのです。安易に褒め言葉に乗ってしまうと「その程度のヤツか」と判断され、せっかくこれからという流れを壊してしまうこともあります。何事も「謙虚に謙虚に」が一番です。

14・こんな会社には気をつけろ

【社長と従業員と現場を見れば会社が分かる】

企業というものはすべからく「本業で儲かっているか否か」が、良い企業・悪い企業の判断基準です。

したがって、企業内における人の流れ・物の流れはどうか、特に社員の態度や動きに活気があるか否か。また事務所内の雰囲気や環境も、整理・整頓の状況はどうか、OA機器などの使用状況や更新状況はどうか、ほこりをかぶっていたりしないか。さらに、離職者が多く空きの机が多くないか、といった点に注視する必要があります。

工場や倉庫も同様で、まず整理・整頓がされているか、機械の稼働率はどうか、人員の在籍状況はどうか、稼働していない機械が多かったり、古い在庫が山積みになったりしていないかに注意してください。

よく工場の生産性点検で5S（整理・整頓・清潔・清掃・躾）の点検がありますが、一般に5Sがだらしない企業は、経営面に大きな問題がある場合が多いと言えます。企業評価をするにあたっても重要な基準になると考えるべきです。

第2章●中小企業経営者の理解とアプローチ

【理念とビジョンがあるか】

また、いわゆる風評に近いものですが、近隣の企業や個人からの情報も大事です。加えて同業者や仕入先・外注先の評判はもっと直接的であり、悪い情報ほど早く伝わってくるものです。

良い企業というのは、企業全体として活気もあり、自分たちが業界ではどのような地位にあり、自社は何が強くて何が弱いのかを明確に把握しています。そのため、目標や課題がハッキリしていますし、何よりも経営理念やビジョンをしっかり持った企業であるといえます。

15. こんな社長には気をつけろ

【社長は本業に汗を流しているか】

特に中小企業の場合、会社の中で、社長が最も汗を流して働いているのが普通です。社長が常に先頭を走って頑張っていることが大事で、有力な後継者が確定するまでは本業以外のことに気を回している余裕などないのも、中小企業経営者の宿命でしょう。

ところが、多少業績が上向いたからと、業界団体や産業界・行政関係の名誉職に就任したり、本業以外のことに夢中になったり、あるいは儲かりそうだからと副業を始めたりする社長には要注意です。

本業以外の仕事に手を出す場合、絶対条件は「自社の仕事として、魅力を感じて本気で取り組む」ことです。「儲かりそう」だけでやるなどということは厳禁であり、そんな安易な気持ちで始めた仕事は、少しうまくいかないだけでやめたくなるなど、決して長続きはしませんし、そもそもうまくいくはずもありません。

また、不思議なもので、業績が好調で資金的に余裕が出てくる頃に決まって、金の臭いを嗅ぎ付けたかのように「怪しい輩」が集まってくるものです。そうした人たちからオイシイ投資話などを聞かされ、簡単に乗ってしまって大怪我をするというケースが多いのです。

88

第2章●中小企業経営者の理解とアプローチ

私の銀行員時代に倒産に至った、A社という企業がありました。A社は医療機器の販売を手掛ける中小企業で、業歴は十数年、順調に成長してきた企業でした。社長はカリスマ的魅力を持ち、社員もまとまっている優良企業との印象でした。

ところがある時期から、「なにかおかしい」と感じるようになりました。主に週末ですが、社長が不在がちなのです。社員の反応も変わりました。以前であれば訪問し「社長はいらっしゃいますか」と尋ねると明るい声で対応してくれていたのが、「社長は出かけてます」と極めてぶっきらぼうな感じ（むしろ怒っているような感じ）の応対に変化してきたのです。

久しぶりに社長との面談を取りつけ、社長室に入ったとき、その変化の理由がはっきりしました。社長室の中のいたる所に、当時人気だった某女子プロゴルファー関係のグッズや同席している記念写真などが、所狭しと飾ってあるのです。週末会社にいなかったのは、そのプロゴルファーのトーナメントで「追っかけ」をしていたからでした。業況が安定していたのをいいことに本業は部下に任せ、自分は趣味に没頭し散財するようになってしまっていたのです。

本業を疎かにしての結果は、火を見るより明らかでした。優秀な社員の退職を契機に、離職者が相次ぎました。銀行も慎重になるというより、撤退の方向に舵を変えました。数ヵ月後にとうとう不渡りを出し、倒産してしまったのです。

中小企業の社長というのは、本業を愛し、本業に命を懸けているようでなければ、周りにも見捨てられるのです。

89

16. こんな幹部社員には気をつけろ

【どんな幹部でも敵には回さない、特に力のある幹部を見極める】

幹部社員の中で力を持っているのは誰で、次世代の後継者は誰なのかを見極めることは、取引獲得や取引継続にとっても大事なポイントになります。

こうした力のある幹部社員は、自分の味方にすれば力になってくれますが、敵に回すと厄介なことになります。こちらが持ち込んだ提案の対応部署が違っているようなときでも、ことごとく邪魔をしてくる場合があるのです。また、頭ごなしに社長とばかり接点を持っていて、経理部や総務部の役職者に話を通していないと、実務段階になって嫌がらせを受けたり、社長に反対の意見を具申したりすることもあります。

したがって、特に金融担当の幹部社員には社長と同様に気を遣い、むしろ「お力をお借りできたからこそ」と持ち上げながら、その幹部の手柄にするよう意識して対応することが肝心です。先にも記述しましたが、幹部社員には、会社全体のメリットよりも「自身のメリット」を優先させる人が数多くいると言えます。くれぐれも注意が必要です。

以前、私が初めて銀行の外回りの仕事を始めた頃、営業技術もないものですから、ひたすら飛び込み営業を繰り返していました。そのうちの一社で、6ヵ月間毎日のように訪問していた

第2章●中小企業経営者の理解とアプローチ

企業がありました。帝国データバンクの評価が約60点、年商180億円の企業でした。

当時、都市銀行だけでも13行ありましたから、当然同社への他行の攻勢も激しく、調達先は引く手あまたというのが実態でした。私は毎日午後3時を基準に訪問を継続し、社内で「3時になるとあいつが来る」と有名になるほど、訪問をし続けました。

ところが、担当の経理部長は、いわゆる銀行ズレした食わせ者で、話はいくらでも聞いてくれるのですが、一向に取引実現に進まないという状況でした。訪問すれど訪問すれど、なんとも面白くなく、手応えがない状態だったのです。

【頭も技術もなかったけれど…】

どうにかしなければと思っていたある日、事務所内を見回すと、出口近くの席で、いつも元気に大きな声で部下を怒鳴っている偉そうな人物がいるものですから、近づいて話をするようにしました。「御社は何をしているのか、何をすれば我々の銀行と付き合ってくれるのか」など、特別な話ではありません。特に何をするでもなく、訪問して在席している場合は必ず立ち寄って、挨拶をするように心掛けました。

実はその人は「取締役営業統括部長」で、実質同社のナンバー2だったのです。忘れもしませんが、訪問を始めてちょうど6ヵ月目の頃、その企業で増加運転資金を調達するために取引銀行を1行増やすことになりました。経営会議が開かれ、経理部長から「どの銀行でもいいの

です、M銀行あたりでいいのではないでしょうか」とライバル銀行の推薦があったのだそうです。
 ところがその時、私が挨拶していた取締役営業統括部長が「どこでもいいんだったら、毎日3時に来るあの変な奴の銀行がいいんじゃないか」と、鶴の一声で逆転決定してしまったというのです。
 商手割引枠で10億円程度の新規の融資取引を獲得でき、新人としては異例の成功事例として、大きな思い出となっています。頭と技術はない営業でしたが、少し機転を利かせたことと、少しの勇気を出して、気力と体力で決して諦めなかったことが決め手であったと言えます。

第3章

中小企業開拓に必要な
ノウハウ

第3章●中小企業開拓に必要なノウハウ

1. 社長の期待と経理・財務・総務担当幹部の期待

【社長の期待は相談相手】

　経営者が金融機関に求め期待する基準は何か。先にも記述しましたが、経営者にとっての期待は「自分の会社と自分自身や自分の家族について、何か気付くことはないか、何か得することはないか、何か間違ったことをしていないか、何か知っておくべきことはないか、何か動くべきことはないか、何か悩みの解決判断になるような材料はないか」などで、これらを微かな期待として金融機関の人間と接点を持ちます。

　そして、実は具体的な事項でのメリットだけでなく、話し相手として、できれば相談相手として会話ができる「精神的な付加価値」も、経営者が期待する基準と考えるべきです。意外とその方が多いことを、私の経験からも実感しています。当然、経営者によって期待することの種類は違ったり、温度差もあるのは当たり前ですが、大げさな期待をしているわけではなく、「小さな気付き」こそが入口を開けるポイントであると考えるべきです。同時に、これも「ギブ＆テイク」の関係でいう重要な「ギブ」なのです。

　素直にそして真摯に、社長の小さな期待に応えるには何をすればいいのかを心から尋ねてみ

94

ることです。

【幹部の期待は具体的立場のメリット】

経理・財務・総務等の担当幹部の期待とは、社長の場合と違って「より具体的なメリット」が決め手となります。単なる考え方とか面白い情報だけでは、期待に応えられないと心するべきです。大袈裟な会社の方向性などよりも、自分自身の立場に具体的にどのようにメリットがあるのかが基準です。

ただ、事務的な負荷や責任が増えてしまうようなことは、よほど自分の手柄として貢献してくれない限り、どんなに企業にメリットがあるとしても避けたいと考えるでしょう。したがって幹部社員とのつながりを作る場合、まずその幹部の立場を優先して考えてあげるか、企業メリットと幹部社員のメリットを明確にかつ具体的に理解してもらうことが重要である点を忘れないことです。

「期待」は大袈裟に考えず、小さな気付きと具体的収益の実感にこだわることです。

2. 企業からの値踏みと企業への値踏み

【プラスかマイナス、思った以上に期待している】

面談時に受ける値踏みについては既に様々説明しましたが、基本は「プラスかマイナスか」です。当然、金融機関そのもののブランドに対する値踏みもあります。取引することが自分の会社のステータスに役立つとしたら、それはそれで魅力を感じるでしょう。その場合、値踏みは具体的な含みを持っていますから、自ずと話は早く進むでしょう。

ただし、仮に取引ができても企業側も計算をしていますから、過度な期待はできない可能性もあります。中小企業などでは、そもそも金融機関の敷居は高いと思っている人が多くいます。同時に「金融機関のすそ野を考えると本当はいろいろと魅力があるが、どうせなかなか我々のために動いてくれるなんてことはないだろう」と、心の中では本当は期待したいが結局ダメだろうと考えている場合も多いと思われます。

したがって、値踏みに対して小さなプラスを感じるだけでも非常に有効なのです。あまり大袈裟に考えず、まず「金融以外の分野で是非利用してみてくれ」と素直に申し入れをしてみてください。

【本業と経営者に魅力があるか】

逆に、我々が相手に対してすべき値踏みもあります。企業に対する値踏みとは、我々のビジネスとしての見通しで「付き合う価値があるかどうか」です。基本的には「その企業の本業で魅力があるか」が決定的に大事です。

同時に、経営者に永い付き合いをしていけるだけの人的魅力があるか。さらに組織として魅力があるのか。一時の利益だけで判断することは、企業取引を考える場合にはあまり意味がないと心するべきです。

またどんなにオイシイ取引でも、一般常識やコンプライアンス的に問題がある場合には、最終的に別の局面で問題が発生しますから、取引自体をすべきではありません。

無理は無理であって、努力とは違うということです。

3. 必要なのは常に情報に敏感な姿勢

【ボーッと見てんじゃない！ ボーッと聞いてんじゃない！】

事務所や工場・倉庫に備え付けてある事務機器や生産設備などで、一部に更新時期の来ているものがあれば、設備投資やそれに伴う資金調達・リース利用関係のニーズが考えられます。

また、工場スペースに新しい生産ラインが設置されようとしていれば、新製品の製造開始が近いのではないか、事務所に人員が急に増員されていたり新しい部署ができていれば、新規事業を開始するのではないかなどが考えられます。

あるいは、ある朝の新聞に「〇〇業界では鋼材関係価格が高騰し、原価を抑えるための素材の変更や、協力企業に対する値下げの要求等が激しくなっている」といった記事が出たとします。その場合、その業態と関係がある企業に狙いをつけて、記事による影響はどうか、今後どのような対処を検討しているのか、外注費圧縮のために内製化できないか、外注先の見直しはどうかなどを聞き出し、内製化に伴う資金調達や新規外注先の斡旋、その他原価圧縮策や固定費の削減等で貢献できることがないかと打診していくのです。

このように、様々な情報を常に敏感に捉える感性が、金融機関の人間には絶対的に必要なのです。何事も「ボーッと見てちゃいけない、ボーッと聞いてちゃいけない」のです。

4.「ボーッと帝国データを見るな！」

【帝国データからは裏のシナリオを読む】

前述の「話題展開方法」（68頁）で、資料情報として説明した「帝国データバンク」「東京商工リサーチ」について、ここではもう少し詳しく、営業にどのように活用していくべきかを解説していきます。

まず帝国データですが、実際に記載されている「表の情報」ではなく、この表の情報から推察される「裏のシナリオ」を使って、話題展開と営業展開を進めていくことがポイントです。先にも触れましたが、表の情報はあらゆる金融機関に同じ内容の資料があると考えられますから、あえて「どうしてそんなことを聞くんだ？」と思わせるような質問をすることです。また、帝国データに記載されている内容から、企業特有の情報を読み取ることも大事です。

例えば、101頁の帝国データの事例を参考にしてください。役員構成や株主構成・社長の生年月日から「事業承継対策や自社株対策」などが代表的なこととして読み取れます。

ただし、事業承継について話題を持ち出す場合、特に中小企業経営者には要注意です。中小企業経営者の多くは「俺は60歳になっても70歳になっても一生現役だ」と考えていますし、実際その社長だから企業が存続できているという場合も多いのです。したがって、安易に「事業

承継対策」などの言葉を発した途端、機嫌を悪くする経営者もいることに注意が必要です。中小企業経営者に事業承継対策を持ち出す場合、私のケースですが、まず第一に「社長、唐突で失礼ですが、今後会社を上場させる計画はないのですか」と、どんな小さな企業でも話します。一般的には当然、そんな予定はないとの返事が来るでしょう。

「最近は赤字の会社や、設立間もない企業でも上場するケースが増えていますよ、検討の余地ありじゃないですか」と続け、さらに「ところで、御社の株はどなたがお持ちですか？　社長は何割お持ちなんですか」と、株主構成に展開します。

「実際の話なんですが、昔喧嘩別れした仲間の株式が整理できなくて、上場間近になって証券会社が引き受けを断ってきたなんてことが結構あるそうなんです。安定株主化ができなかったようなんですね。やはり株主構成は重要で、整理する場合はなるべく早く解決する必要があるようですよ」

さらに「社長さんがお持ちの株価は大体いくらくらいになっているのですか。計算はされていますか。何でしたら私どもにも専門家がいますので、ご協力いたしますよ」と申し入れをするのです。その後、自社株の対策を中心とした事業承継対策に展開していけば、経営者も関心を持って話を聞いてくれるでしょう。

帝国データ資料

```
                               企業情報      企業番号01234567
○○株式会社
業種　産業廃棄物処理業　　　　取引銀行　A銀行
上場区分　　　　　　　　　　　法人区分
創立　　1970年1月　　　　　　評点　　　60点
設立　　1971年1月　　　　　　株主数　　1
資本金　1,000万円　　　　　　事業所数　2
従業員　32名　　　　　　　　株式コード
売上高順位
系列
目的
仕入先　○×産業　○△機械
販売先　山形市　一般企業　商店　個人
事業所
役員　代表取締役山田太助　取締役山田慎　株主　山田太助
決算年月　売上(百万)　利益(万)　配当(%)　資本(%)　申告年月　申告所得(万)
2006.3　　800　　　1,800　　　10%　　　25%
2007.3　　820　　　2,000　　　10%　　　20%　　　　　　　　4,275
代表者情報　生年月日1940年1月26日生
　　　　　　最終学歴法政大学卒　出身地 山形県
```

【データの変化にはシナリオがある】

前頁の帝国データ資料でもう一点、業績の数字を見てください。売上げは微増の増益ですが、「自己資本比率」は大幅に下がっています。この数字の変化から何を読み取るかです。

売上高が横ばいで、利益が上がっているということは、自己資本比率は上昇するはずです。

ところが反対に下がっているということは、売上代金の多くが現金から手形に条件悪化した場合が考えられますが、一般的に事業内容が変わらない限り簡単に取引条件が変更されることはありませんから、借入をして設備投資をしたのではないかと想定されます。

そこで、この場合「突然で恐縮ですが、昨年度何か大きな設備投資をなさいませんでしたか」と、面談第一声で質問します。実は事例のデータは、私が実際訪問した企業がモデルであり、面談した経理部長は「どうして知っているのですか」と大変驚いた様子でした。続けて「何の設備投資ですか」と質問をすると「医療関係の産業廃棄物の焼却炉を新設したのです」との返事でしたので、「では、病院関係のお取引先をご紹介できれば御社にとってもメリットがありますね」と続けたのです。当然、それを機に経理部長は、真剣に話を聞いてくれるようになりました。このような展開をすれば、決して舐めた対応をすることはないのです。

【見える情報と見えない情報】

次に、表面情報から見える「裏のシナリオ」を考えていきたいと思います。

102

考え方のポイントとしては、何を目的として質問をしていくかですが、それは帝国データ資料を基に、仮説を含めた、想定される企業の問題や課題、企業のニーズに対応する具体的支援項目を顕在化させることです。

企業ニーズを把握するには限られた情報からヒアリングしていきますが、単純に「何がニーズか教えてください」では、企業側としても答えようがないでしょう。金融機関の人間らしく企業経営の相談相手に相応しいと認識させ、話したくなる展開へと誘導することが大事です。見える情報から見えない裏の情報をヒアリングしていくのです。

【帝国データを利用したキーワード話題展開方法の具体例】

ここでは、PK：ピックアップキーワード（情報ソース）からMK：メインキーワード（企業の課題・問題）へ、そしてTK：ターゲットキーワード（支援事項）へと繋げるステップを意識した話題展開方法を考えてみましょう。

話題展開具体例（PK）「業種：主業種・従業種」

（MK）「社長、一点お伺いしたいのですが、御社は金型の製造が主なお仕事と聞いておりますが、他にも精密機械の製造もされていますよね。現状どのくらいの割合なのですか。今後特にどちらに力を入れていくご方針ですか」「今後注力される分野では、どのような市場の開拓を目指されるのですか」

（TK）「ぜひ、私共のネットワークでご紹介できる企業がございましたら、具体的に動いてみたいと思います。他にも何かご協力できることがございましたら宿題をいただけませんか」

（PK）会社名
↓
（MK）会社名の由来や経営理念の確認。今後の事業展開の方向性とニーズの抽出
↓
（TK）事業展開への支援事項の打診（販売先や業務提携先・技術協力策の斡旋等）

（PK）住所（場所）
↓
（MK）所在地の決定経緯の確認。今後の事務所や工場の拡張や新設・移転計画の有無、営業所や支店出店の可能性等、場所に関するニーズの掌握
↓
（TK）移転先の斡旋や親密不動産業者の紹介、現状の近隣や案件地域の地代家賃や保証金相場の情報提供

（PK）設立
↓
（MK）設立の経緯と業歴におけるエピソードの確認。今後の事業承継の計画や事業展開の方向性とニーズの掌握
↓
（TK）事業承継対策に対する協力（自社株対策や後継者教育）や人材紹介や業者の斡旋。

第３章●中小企業開拓に必要なノウハウ

M&A等の協力等の支援事項打診

（PK）資本金
↓
（MK）今後の増資計画の有無や株式上場計画の確認、直接調達と間接調達のニーズ掌握
↓
（TK）自社株価算出と事業承継支援、増資引き受けやベンチャーキャピタルの斡旋、エクイティファイナンスや社債発行等の支援事項打診

（PK）業種
↓
（MK）主業種と従業種の割合と今後の重点方針の確認。現状の主力商品や技術と今後の戦略商品・技術、また、拡大開拓マーケットの確認とニーズ掌握
↓
（TK）戦略商品・技術の販売先の斡旋やチャネル開拓等での協力支援事項の打診

（PK）従業員数
↓
（MK）従業員の採用・減員計画や教育システムの有無、定着率の状況や技術職の継承問題の有無、給与体系の改善計画や業績評価制度の採用の有無等、退職金制度や年金制度の対応状況等、人事関係ニーズの掌握
↓
（TK）人材斡旋業者や派遣業者の紹介、社員教育ツールの提供やセミナーの案内・専門機

105

関の紹介、給与制度・業績評価制度の見直しや導入の協力（担当部門の活用や専門家等の斡旋）福利厚生制度の充実による定着率向上等の協力支援事項の打診

（PK）仕入先・外注先
↓
（MK）仕入先や外注先の状況や現状の問題点と業者選択の条件、原価削減のポイントと今後の重点施策の計画等の確認。原価低減や品質強化のニーズ掌握
↓
（TK）新規仕入先・外注先の斡旋や競争入札の提案、内製化等に対する協力支援事項の打診

（PK）販売先
↓
（MK）主力販売先や販売業態・販売チャネルとシェアと伸び率の状況確認、今後の戦略マーケットと具体的施策やニーズの掌握
↓
（TK）販売先や新しい販売方法での提携先や販売チャネルの紹介・斡旋、営業社員の教育制度等への協力支援事項の打診

（PK）業績
↓
（MK）2期あるいは3期の業績推移状況の確認と、今後の経営計画における方針や具体的

第3章●中小企業開拓に必要なノウハウ

施策やニーズの掌握
↓
(TK) 経営計画や施策に対する協力支援事項の打診（新商品開発に伴う技術協力先や外注先の紹介、新規マーケット・チャネル開拓に対する顧客や機関の紹介、広告宣伝活動に対する業者やタウン誌等の紹介）
↓
(TK) 後継者育成に関する教育支援や自社株対策の支援、社長・役員の退職金の準備と人的リスクマネジメントへの対応等の協力支援事項の打診
↓
(MK) 役員構成からの特徴と役割分担の確認による実権者の把握、後継者の存在と事業承継時期等のニーズ掌握
↓
(PK) 役員・代表者

(TK) 取引銀行
↓
(MK) メイン銀行と取引銀行数と取引状況の確認、取引上の問題点や今後の取引方針と資金調達等のニーズ掌握
↓
(TK) 取引改善施策の提案やエクイティファイナンスの可能性打診、新規調達先や調達方法等での協力支援事項の打診

107

5.「ボーッと新聞・ニュースを見るな！」

【タイムリー情報は共通の話題にしやすい】

新聞やテレビなどのニュースは、貴重な共通の話題になります。面談の最初に活用すると効果的でしょう。

企業経営者や実権者は、受け取った金融機関の名刺を見て「何を売り込まれるのかな」と構えています。そこで第一声に「社長、唐突で失礼ですが、今日の日経新聞の一面に○○の記事が出ていましたが、ご覧になりましたか」と質問をぶつけるのです。

セールスだろうと身構えていた社長としては、意表を衝かれた格好です。記事を見ていた場合は「あー、あの記事か」と話に乗ってきますし、見ていない場合は「何の記事だ？」と関心を持つでしょう。「何でそんなことを聞くんだろう」と考えるかもしれません。ここで、一度警戒心が解かれます。そこで、その記事をピップアップキーワードとして、会社の問題に関連付けながら、企業実態と企業ニーズのメインキーワードへと展開していくのです。

当然、最後はターゲットキーワードによる金融機関の支援事項の提案まで、クロージングへとつなげていけばいいということになります。

108

【世間話で終わらせない】

この場合、気を付けなければいけないのが、共通の話題にしやすい反面、ただの世間話で終わる可能性もあるということです。先にも触れましたが、中小企業経営者は世間話をしているほど暇じゃないのです。「何でそんな話題なんだ?」から「そう言えばそうだな」と興味を抱かせるためには、自身の企業に関係する関心事となることが決め手です。さらにそれだけではダメで、結果としてその問題や課題に対して金融機関として何ができるのかまで話を展開してこそ、法人営業といえるのです。

具体的な参考事例を記載しておきますので、参考にしてください。

【タイムリー情報を利用したキーワード話題展開方法の具体例】

話題展開具体例（PK）「失業率」

（MK）「本日の新聞の一面に失業率が大幅に改善された旨の記事が掲載されていましたが、ご覧になりましたか。その影響か、各社の採用状況が厳しいようです。御社での人材募集では特に問題ありませんか」

（TK）「もしよろしければ、私共で付き合いのある人材紹介会社のご紹介や企業の採用力向上に関する諸施策についての立案で、ほんの少しでもお役に立てることがございましたら、ご協力させていただきたいのですが」

（PK）市況ニュース（株価・為替・金利）
↓
（MK）市況の動きから、企業にもたらす影響、特に業績に対する問題点や課題は何なのかと今後の経営方針や営業施策等からニーズを掌握
↓
（TK）市況の変化で想定される課題や問題点に対する、具体的な協力支援事項を打診

（PK）年金制度のニュース
↓
（MK）年金制度や退職金制度の現状及び今後の問題点に関する意見を述べ（公的年金だけではない企業年金や自分年金の準備の必要性、節税対策も含めた退職金準備の有効性）、企業側の社長・役員・社員の年金・退職金制度の取組状況の確認と今後のニーズを掌握
↓
（TK）中小企業退職金共済や小規模共済、確定拠出年金や保険スキームを活用した退職金・年金制度の構築等の協力支援事項を打診

（PK）失業率や有効求人倍率のニュース
↓
（MK）失業率の改善から、採用状況が悪化していることに関して、企業側としての影響度を確認、今後の採用計画や定着率改善に対する方針や施策等からニーズ掌握
↓
（TK）人材採用の斡旋業者の紹介や福利厚生施策や人材教育制度の導入による定着率及び採用率向上等の協力支援事項を打診

110

第3章●中小企業開拓に必要なノウハウ

（PK）政治のニュース
↓
（MK）政局や財政再建等の問題で、政権運営に対するリーダーシップの重要性等の意見を述べ、会社経営との共通点や経営者としての理念等を確認して経営上のニーズを掌握
↓
（TK）経営方針や具体的施策での協力支援事項を打診

（PK）事件や事故のニュース
↓
（MK）事件に対する感想・意見に加え、企業のリスクマネジメントやコンプライアンス教育や人材育成の必要性の説明、同時に企業側としての体制の状況やニーズの掌握
↓
（TK）リスク計量やリスクヘッジ対策の具体策の検討やコンプライアンスや社員教育等での協力支援事項を打診

（PK）ヒット商品のニュース
↓
（MK）現在のヒット商品の情報提供と想定される要因について自分の意見を述べ、相手企業のヒット商品は何かや技術的ストロングポイントは何かを確認、今後のヒット商品開発・拡販に向けたニーズ掌握
↓
（TK）ヒット商品開発やストロングポイントのマーケット展開への協力支援事項を打診

111

6.「ボーッと訪問するな！」

【現場にこそ情報はある】

これは、話題展開方法における「環境情報」の切り口です。現場にこそ情報があり、現場にこそ経営者のこだわりがあり、企業の「文化」と「におい」があるのです。経営者のビジョンや理念とも言えるでしょう。

それを見つける視覚と聴覚と嗅覚が、成功する法人営業には絶対必要です。ただし、そんなに大げさに考える必要はありません、経営者が日頃大事にしていることや、重要視していることが何なのかをつかまえることです。

経営者というのは、自分の仕事や考えに関する事柄であれば、積極的に話してくれるはずです。日頃社員や役員に何とか分かってもらおうとしていることであれば、なお人に聞いてほしいと思っていますし、その浸透に苦労している場合も多いのです。おそらくこの点での経営者とのキャッチボールこそが、経営そのものや経営者としての苦労・悩みと同時に、心からの願望が現れてくる最大のポイントです。目を皿にして神経を研ぎ澄まし、情報とにおいを嗅ぎ取ることが必要です。

実際に企業を訪問する場合は、会社の中だけでなく、最寄り駅から所在地までのアプローチ

第3章 ●中小企業開拓に必要なノウハウ

やロケーション、周辺環境、入居ビルの状況、企業の受付付近や事務所・工場内の様子、社長室や応接室の状況等を確認して、情報収集と情報の加工を進めていきます。

【できない担当者との帯同訪問】

以前、ある法人営業の新人と帯同訪問したことがありました。ターゲットは新規開拓先企業で、工業団地内にあるメーカーです。私はまず、彼がどんな行動をとるのか観察しようと思い、黙ってついていくことにしました。すると彼は、工場が隣接した本社社屋に真っ直ぐに向かって入っていきました。

そこでは、運良く社長との面談が実現したのですが、挨拶の後「社長様の企業はどのようなご商売をしているのですか」といきなり質問をしたのです。当然社長は不機嫌な表情になり、満足な回答もないまま早々に切り上げられ、面談は終了しました。おそらく社長は「そんなことも調べないで来てるのか、何を考えてるんだ」と思ったに違いありません。

そこで次の企業では、私がどのように訪問するかを見せることにしました。同じ工業団地内にあるメーカーです。最初の企業と同様に工場と事務所棟が隣接する企業でしたが、私は最初に工場の中を覗いて、作業している従業員に「これは何の製品で、どのようなところで売っているのか、部品の製造はどうしているのか」など簡単な質問をして、情報収集してから事務所棟に向かいました。

社長に挨拶すると同時に「社長さんのところは、製品の材料の一部をベトナムで調達されているそうですね」と質問したところ、社長は驚いて「えっ、何で知っているの？」と逆に質問されました。「いや、先ほど失礼ながら工場内を少し拝見させていただき、作業されている方にお聞きしたまでなんです」と答えました。

当然、社長はその後の会話には積極的に応対してくれました。これは、社長に「コイツ、抜け目ないな！」と印象付けさせることに成功したからなのです。言わば「舐めんなよ！」という、私から社長への挨拶代わりなのです。

重要なことは、社長に「よく見てるな！よく考えてるな！鋭いな！できるな！」等の決定的な印象を、面談最初の段階で与えることです。そうすれば、経営者は必ずや「話ができる！」という「合格の値踏み」になるのです。

【環境情報を利用したキーワード話題展開方法の具体例】

では、実際の訪問を想定した場合の代表的な目の付け所から話題展開としてどのように活用するかを説明していきますので、参考にしてください。

話題展開具体例（PK）「社是社訓・啓蒙ポスター」

（MK）「唐突に失礼します。社長様は人材育成に非常に力を入れていらっしゃるんですね。

第3章 ●中小企業開拓に必要なノウハウ

いや、先程事務所内を拝見致しましたら、壁に自己啓発のポスターがはってあり、また、掲示されている社是社訓の第一行目に〝企業は人なり〟と書かれていました。これはよほど人の教育・育成に力を入れていらっしゃる企業だなと感じたものですから」

（TK）「弊社では、社員教育用のビデオ教材をレンタル提供できますし、セミナーのご案内や人材教育専門のコンサル会社の紹介もできます。ほんの少しでもお役に立てることがございましたら、ぜひご協力させてください」

（PK）駅（所在地）

↓

（MK）帝国データの場所と同様で、現在の所在地の経緯と、今後の移転・増設や支店や工場新設の計画等のニーズを掌握

↓

（TK）不動産情報の提供や業者の斡旋等の協力支援事項を打診

（PK）企業入居建物

↓

（MK）ビル名の表札から自社ビルかテナントか、会社所有か個人所有かの推察と今後の所有計画の有無、竣工プレートから築年数と外壁工事等の予定や立替・移転の計画有無等のニーズ掌握

↓

（TK）不動産情報の提供や工事業者の斡旋、本社所有計画に伴う用地斡旋や業者紹介と資

金調達手段等の協力支援事項を打診

（PK）表札（テナント名や部署の所在階数表示）

↓

（MK）関連会社の存在やその目的、ターゲット企業の入居面積と使用階数からの規模想定と増床計画の有無、特定の部署の業務内容や今後の方向性等からニーズ掌握（特に企業では部を独立させている場合や新しい部を立ち上げた場合などは、力を入れていると考えるべきですから、必ずニーズがあるといえます。並んでいる部署の表札に真新しいものがあったら要注意です）

↓

（TK）関連企業や特定部署に対する営業面等での協力事項がないか、増床案件で不動産の斡旋等の協力支援事項を打診

↓

（PK）事務所内

↓

（MK）掲示物で社員の啓蒙ポスターなどで社員教育や育成方針などの確認。経営計画目標や数値目標の模造紙・ホワイトボードから今期の重点施策や現状の問題点の確認。社是社訓から企業経営者の理念やビジョンとその社員に対する浸透策と問題点の確認。社員数や男女比率・年齢構成から人事関連の問題や課題の確認。以上の情報からの協力支援事項を打診（ここが会社の「文化」や「におい」を嗅ぎ取る最大の情報源です）

116

第3章●中小企業開拓に必要なノウハウ

↓（TK）　社員教育策や教育機関の紹介、業績計画や後継者育成策・人事問題等の協力支援事項を打診

（PK）　工場・倉庫内

↓（MK）　工場の人員や技術職の比率から人員の増員減員計画や技術職の継承問題の有無、使用機械の数や老朽化している機械がないかの確認から今後の設備投資計画の有無や新技術開発の予定、倉庫在庫の水準状況と今後の稼動予定と増床計画の有無等でのニーズ掌握

↓（TK）　技術職採用などに対する専門業者の斡旋、他社との技術提携の提案、設備投資に伴う資金調達やリースの活用や税制の優遇策の紹介、倉庫用地や倉庫業者の斡旋や仕入れ方法や業者の見直し提案等での協力支援事項を打診

7.「話題に困る」なんてことはない

【事前準備と鋭い観察力で克服できる】

社長や実権者に会った時に、何の話をすればいいのか困ってしまうという営業担当者がよくいます。おそらく、何の準備もしないで訪問しているからでしょう。

企業を訪問する前には、少なくとも帝国データや東京商工リサーチ資料、当該企業のホームページなどによる事前調査程度はしておくべきです。資料がない場合には、訪問時に事務所内部や工場等を観察して、どんな仕事をしているのか、どれくらいの規模の事業なのかなど、先に説明した3W2Hを基本に情報を探り出して、一番力を入れていること、一番困っているであろうことを想定して、話題の材料とするのです。

その場合くれぐれも言っておきますが、まず、企業や経営者の立場になってモノを考えることです。自分の商売は後回しであることを忘れてはなりません。よく資料を見て、必死に現場を観察して、真摯に相手に対して何か役に立てることがないかを考えれば、自ずと話題も出てくるものです。

8. 自分の何を売り込むか

【こいつは違う、こいつは面白い、こいつは変わっている、引き付けろ】

よく「商品を売る前に自分を売れ」と言われます。金融機関の営業は自動車を売るのとは違って、形がないものを売るわけです。さらに、個人にとっても会社にとっても虎の子の大切なお金ですから、そんなに簡単には大事なお金を託してくれることなどないのです。

営業を受ける客の立場になって考えてみてください。右から左に安易に金を借りることはしないでしょうし、安易に保険に加入することもないでしょうし、安易に株や債券に投資することもないでしょう。まず訪問してきた営業担当者に対する値踏みをし、その所属する金融機関の値踏みを行い、付き合うに足る何らかのメリットを感じなければ、人の心は動きません。だから、金融機関の営業では商品を売るよりも先に、自分と会社を売り込むことが先なのです。

では、どう「売り込」むのかということですが、「自分と付き合ってみてくれ、絶対損はさせない、値踏み以上のメリットを必ず約束する」と感じさせることです。そのためには金融のプロならではの対応力が必要になってくるわけです。

ボーッと帝国データを見るのではなく、ボーッと新聞を見るのではなく、最初の５分に命を懸けることです。

9. 新規訪問と紹介訪問を区別せよ

【新規は失うものはない、紹介先は失うものがある】

新規の企業に訪問する場合と、紹介先の企業に訪問する場合とには、さほど大きな差はありません。ただし、新規では第三者のいない一対一の関係であり、もともと取引があるわけではないですから、何かあったとしても特に失うものはありません。

当然、企業として社会的な立場を悪くさせてしまうような行動や言動をすることは禁物ですが。そもそも再三申し上げるように、金融の営業で会ってすぐ契約になるような場合は極めて稀であり、ギブ＆テイクの中で納得した合意があって初めて取引ができるのが普通です。だからこそ、新しいお客には何らかのメリットを与えるつもりで行くわけです。

「悪いことをしにきているわけではなく、あなたの企業に必ずやメリットを与えることをしにきているのだから、話ぐらい聞いてくれてもいいじゃないか」と、堂々と表明すればいいので す。「強引な営業」とは無理に自分の商品を売りにいくことであって、「熱心な営業」は相手にメリットを感じてもらうことを目指した良い仕事なのです。

一方、紹介を受けて訪問する場合ですが、この場合、私は新規先より数倍気を遣って訪問していました。紹介先では失うものが大きいからです。紹介をしてくれた人との信頼関係に加え

て、紹介元の企業との取引関係までをも失うことがあるからです。紹介先ほど気を付けて対応するべきでしょう。

また、同じ紹介を受けるのであれば、喜んで紹介してくれるような関係作りが紹介者との間で必要です。「とりあえず会うだけ会ってくれないか」といったような紹介では、「とりあえず紹介してもらったんだし形だけ会えばいいか」程度の反応となり、具体的な話にはなりにくいでしょう。紹介者との関係がより重要であると言うことです。

10・最初の紹介先には全力投球を

【「いい人を紹介してもらった」の言葉をもらうまで】

紹介を受けるということは、紹介をしてくれた人に責任を負うということです。したがって紹介者に絶対恥をかかせるわけにはいきません。だからこそ新規の何倍も気を遣う必要があるということです。

紹介先から「あんなやつを紹介してきやがって」となったら、紹介者の信用も失いかねません。逆に「本当にいい人を紹介してくれたよ」と紹介者に感謝の言葉が出るようになれば、さらに次の紹介が発生する可能性がありますし、紹介者との取引関係もさらに拡大することが考えられます。紹介はいわば「諸刃の剣」なのです。

ですから、最初に紹介された先は絶対に成功させ、「いい人を紹介してもらった」との言葉を獲得することに全力を傾けます。ということは、自分の商売をするよりもお客様に何をしてあげられるかが決め手となるわけです。新規先以上にプラスメリットを感じてもらう動きをするべきです。

筆者は銀行員時代、新規先を中心とした営業担当をしていました。当時、年間の個人表彰で最高名誉賞にあたる「富士プライス」という、全国で数名のみ受賞する頭取賞がありました。

122

第3章 ●中小企業開拓に必要なノウハウ

私も都内の支店に勤務していた時に受賞した経験があります。その受賞の要因に「紹介」がありました。当時の私の親密取引先3社から、次から次へと紹介を受けたのです。最終的には、件数的にも地域的にも許容範囲を超え、消化不良に陥りそうな状態になったものでした。

親密先から新規先に「一度会ってみろ、面白い銀行員がいる。会って絶対損はないよ」、このような紹介をいただいていました。私がなぜこのような紹介をいただきたかというと、実はこの親密先3社に狙いを定め、本業その他あらゆる面で徹底的に協力や支援を展開していたからです。

販売先・仕入先・外注先の紹介や、経営計画設計時の相談や人材の紹介など、できることはすべてやりました。当然全てが成約したわけではなく、むしろ不成立のほうが多かったのは事実ですが、私の姿勢を評価してくれたのでしょう。紹介者が自信を持って紹介できる裏付けをいかにして構築していくか、これが紹介を受ける前の決め手と言えます。

11・簡単な財務の切り口からの話題展開方法

【数字に強いヤツは信頼される】

すでに記述しましたが、金融機関の人間は「数字に強い」ことが条件です。経営者と話をする場合、具体的な数字を交えることで、話に裏付けと迫力が出てきて、説得力が増してきます。

また、特に中小企業経営者が苦手な財務の数字の理論値の一端を、さりげなく経営の話題の中で出していくことにより、「さすが金融のプロだな」との決定的な信用と信頼を獲得することも可能です。さらに、中小企業経営者の財務の目線を理解しておくと、タイミングよく、効果的な提案もできるのです。

(1)「粗利（益）」

【中小企業経営者が日頃注目している利益は「売上総利益（粗利）」】

企業経営において経営者が最も気にしているのが「経費を賄えるだけの粗利を稼げたかどうか」です。したがって、利益と言えば粗利と考えてほぼ間違いありません。経営者は、常に粗利の改善と絶対値の積上げをどうするかに頭を悩ませているのです。

第3章 ●中小企業開拓に必要なノウハウ

実際の営業場面では、「社長、例えば粗利を1％改善するには、御社では何がポイントですか」と質問をしてみます。そうすれば、必ずと言っていいくらい、その企業にとって最も大事な経営課題が一つや二つは出てくるものです。そこで重要ニーズを抽出して、金融機関として何が協力できるかを打診するのです。

よく金融機関の人間は、利益というと「経常利益や税引前当期利益や税金」を発想して質問してしまうのですが、中小企業経営者にとって税引前当期利益や税金というのは、結果としての数字です。決算のことを気にする時期になって初めて考えが向くもので、日頃はやはり粗利を管理しているのが一般的です。

したがって「税金対策」を投げかける時期やタイミングを考えないと、「税金のことなんか考えている場合じゃないんだよ、今日明日の粗利を稼ぐことが先なんだ」となってしまい、素直に話を聞こうとしないどころか、「こいつは中小企業の苦労を何も分かっちゃいない」と見下されてしまう場合があります。

(2) 「棚卸」と「試算表」

【経理部長の本当の苦労を分かってあげる】

電話でアポイントを取る時などに、「今日は棚卸で忙しくて時間が取れないからダメだよ」と断られるケースがあります。その時、プロの金融営業としてどのように反応するべきでしょう

125

か。

「棚卸」のタイミングは、一般的に「本決算」あるいは「中間決算」「四半期決算」「月次決算」のいずれかの時期です。収益を確定させるために「実地棚卸」をしていると考えて間違いないでしょう。したがって、「棚卸」との言葉が出たら、「本決算ですか、中間決算ですか」と問いかけます。「中間決算だよ」との回答があれば、「いかがでした、中間決算の見込みは？」と業績動向のヒアリングに展開します。良ければ「早い段階での節税対策」、悪ければ「今後の業績面での協力事項」を打診するのです。

さらに中小企業の場合で「四半期決算・月次決算」との回答があった場合は、もう一言加えます。特に経理部長などの幹部に効果的なのですが、「さすが御社では収益管理（または管理会計）がしっかりしてますね」と褒めてあげるのです。

これは、中小企業の場合、四半期や月次で決算をしている企業は比較的少ないからです。そうすると、日頃社内的に日陰者のように苦労している経理部長や課長は、「あんただけだよ、俺の苦労を分かってくれるのは！」と感激して、積極的にこちらを向いてくれるでしょう。

日頃の仕事の価値の高さを分かってあげることが、相手の立場を理解してあげることですから、経理部長は親近感を持ってくれます。見えない裏の苦労を分かってあげることが重要です。

第3章 ●中小企業開拓に必要なノウハウ

【試算表こそ経営者が気にしてる絶好のタイミング】

また、経営者は「棚卸」のタイミングだけではなく、むしろ毎月の「試算表」が完成するタイミングで、今後の税金対策や営業方針を検討しているものです。

毎月ある一定の時期になると、社長は経理担当者に対して「おーいっ、試算表できたか？」と、先月までの業績関係の推移を表す財務資料を要求します。その試算表を見て経営者は「このままじゃまずいな、税金が大変だ」とか、「今の売上げじゃダメだな、どう手を打つかな」と、今後の税金対策に悩んだり、営業面の対策を考えたりしているのです。

したがって、このタイミングこそ「節税対策」や「本業支援」など、金融機関としてのビジネスチャンスをもっとも捉えやすい時期と言えます。社長としても、日頃は毎日の業務に忙殺されていますから、改まってこのようなことを考える絶好の時期なのです。

私は銀行時代の新規営業で、この試算表を使った営業をしていました。新規企業への訪問時、経営者に「失礼ですが、社長様のところでは毎月の試算表は、いつもいつ頃に出来上がるのですか？」と質問をします。「10日頃かな」「15日頃かな」との返事であれば「さすがに管理会計がしっかりしてますね」と言いつつ、試算表のできる時期を記憶しておきます。

そして、翌月のその時期に「そろそろ先月の試算表が出来上がる時期ではないですか。いかがでしたか、先月までの業績は？」と質問してみます。社長によっては「どうしてうちの試算表ができる時期を知ってるの？」と驚く方もいます。そこでさり気なくは「先月おじゃましました時

に、確か10日頃に試算表ができるとのお話でしたので」と言うのです。経営者は、自社に対する関心の高さや、最も悩み考えているタイミングで話を持ち出した状況把握の鋭さに感激し、「こいつは話ができる」と信頼を獲得することにつながります。

また、試算表の完成時期が20日過ぎだとか、税理士に頼まないと出てこないといった返事だった場合、「そんな税理士は、契約を打ち切ったほうがいいんじゃないですか、試算表が20日前に出てこないようでは、社長さんとしても経営判断を間違うおそれがあるんじゃないですか？そんな税理士では経営の相談相手として機能していないと思います。何でしたら、私が優秀な税理士か公認会計士を紹介しますよ」と提案するとか、経営の相談相手として協力できることがないか等を打診していきます。

(3) 企業の節税対策

【節税対策の優先順位】

企業経営者が節税対策を考える場合、頭に浮かべるのは、保険やレバレッジドリースなどの金融商品ではありません。一般的には「生産性向上や収益に結びつく投資を行い、減価償却費による節税効果を狙うか、同様の効果を期待した戦略的経費支出に向けるか」を優先します。

そして、次の手段として、金融商品等の活用があると考えるべきです。

節税対策は税務署が関係してくることから、企業経営者はより慎重になるのが一般的です。

第3章●中小企業開拓に必要なノウハウ

何よりも経営者にとって税務署は「怖い・厄介な存在」なのです。したがって、節税対策を相談する場合は相応の相手を選ぶものです。自社商品の営業ありきのスタイルで来られたら、経営者は「本当に節税対策のことを理解しているのかな」と疑ってしまいますし、そんな相手に相談などしないでしょう。

そこで「自分は節税対策の優先順位を知っている」とのメッセージを込め、自社商品の話をする前に「今後償却物件を増やすご予定はありませんか」、または「設備投資でもされて償却負担を増やさないと、税金にばかり持っていかれて大変なんじゃないですか」という質問を経営者に投げかけるのです。

もし、設備投資の必要性があるなら資金調達面での支援・協力事項が出てくるでしょう。ただ、中小企業などは特にそうですが、それほど簡単に設備投資などはできないものです。設備投資の予定がなければ、ここで金融商品等を活用した節税対策の話を持ち出すのです。

【改正情報をタイムリーに提供】

また、毎年の税制改正には特に注目しておく必要があります。例えば、平成18年度税制改正で2年間延長された、中小企業向け優遇税制「小額減価償却資産の特例の延長」や「中小企業投資促進税制の見直し・延長」、19年度税制改正の「減価償却制度の見直し」「特定同族会社の留保金課税の廃止」など、中小企業にとって重要で、オイシイ税制が毎年あるのです。

129

こうしたタイムリーな税制の情報を必ず把握しておくことは、金融のプロとして常識だと心してください。中小企業への情報提供としても有効ですし、話題展開としても重要なキーワードにもなることを忘れないでください。そうすれば、「こいつは情報も豊富で、節税対策のこともよく分かったうえで話をしにきているな」と、信頼感を持って対応してくれるでしょう。

(4) 数字で目線を合わせる

【中小企業経営者の数字のベクトルは違う】

中小企業経営者の数字を理解する上で重要なものに、「数字の目線」というのがあります。よく金融機関の人間が節税対策として保険商品などをセールスする場合、「収益がご好調で毎期高額の納税をされているようですが、社長ご自身の退職金準備と節税対策を兼ねて検討されてはいかがですか」と提案することがあります。

これは決して間違ってはいないのですが、実は、収益と税金はあくまでも損益で、P／L（損益計算書）の世界の話です。

P／Lだけを強調されても、当たり前ですが、企業経営者は自動的にB／S（貸借対照表）やC／F（キャッシュフロー計算書）に思いを馳せます。いくら節税に効果があるとはいえ、保険料を支払うということはキャッシュの流出なわけですから、資金繰りに影響をもたらすこととになるわけです。

第3章●中小企業開拓に必要なノウハウ

したがって、「節税節税と言うが、そんな金がどこにあるんだよ。やっぱり大企業の人間の理屈だな、何も分かっちゃいない」と距離を感じてしまい、素直に耳を傾けようとはしなくなるでしょう。

【体に染み込んだ感覚】

中小企業経営者は、P／LとB／SとC／Fを「同時に見ている」というよりは、「身体の中に染み込んで」いるのです。P／Lだけを考えて経営しているような企業は、数年ともたないでしょうし、そんな経営は成り立つものではありません。この仕事を受注した場合、自社のP／Lにどのように影響して、B／SとC／Fにどう影響するのかを常に考えています。

ですから、場合によってはどんなに儲かりそうなオイシイ案件でも「この支払条件ではうちの会社ではもたないな」とか、「この仕事は我が社では受けられないな」と断らざるを得ない場合は多くあります。要はどんなに良い仕事でも、支払条件と回収条件に大きな差があって回収が長期の売掛けと手形になってしまう場合などは、運転資金が調達できなければ資金繰りが立ち行かなくなってしまうのです。

実はこの財務・会計に対する感性を持つことが、中小企業経営者の数字の目線とベクトルに合わせるということなのです。金融機関の人間であれば、なおのこと、この目線を意識して話ができるかがポイントです。

131

(5)「金の苦労」とは資金調達だけじゃない

【資金調達よりも営業社員の教育に苦労をしている】

企業経営者の悩みは「明日の商売と明日の金」だと言いました。では、明日の金について考えてみましょう。明日の商売とは、まさに少しでも儲かる体質にしたいということです。

中小企業は資金繰りに苦労している、すなわち、金融機関がなかなか金を貸してくれないため資金調達に苦労していると、当たり前のように言われています。

確かに、資金繰りに苦労しているのは間違いありません。しかし、借入れができずに苦しんでいるというのは、貸し渋りが本当に激しかった一時期のような特殊なケースであればそのとおりですが、一般的によほどひどい財務内容の企業でもなければ、信用保証協会や国民生活金融公庫、さらに最近では中小企業向け貸出としてビジネスローンにも積極的に乗り出している銀行もあるような状況ですから、一定のまともな事業資金であれば調達に苦労するということは少ないと言えるでしょう。

しかし、中小企業経営者にとって金の悩みは尽きることがありません。商売を続けていく上

132

第3章●中小企業開拓に必要なノウハウ

で取引条件は厳しくなり、利幅も薄くなる一方、経営環境は相変わらず厳しい。そんな中、できれば銀行から金など借りたくない。つまり、金の悩みとは「もっと資金的に余裕のある商売にしたい」ということで、これが経営者の原点です。もっと具体的に言いましょう。経営者の日頃の苦労とは、ズバリ「社員教育」なのです。

【社員教育にどう貢献するか】

経営者や経理部長などが会議や様々な機会を見つけて、営業担当者に口うるさく言います。

「回収条件の改善に努力しろ、なるべく現金回収比率を増やせ、売掛金期間を短くしろ、手形日数は60日以内に交渉しろ、手元の在庫を増やすな、よく管理しろ、請求は速やかにやれ」「何の交渉もしないで、簡単に手形で回収なんかしないでください、少しは我々経理の資金調達の苦労も考えてくださいよ。当然会社の収益にも影響するんですから」——。

ところが、営業担当者は頭で分かっていても「俺たちは売上げを上げてナンボで、売れればいいじゃないか」と心では思っていますから、多少の姿勢は見せても、本当になぜ必要か、なぜ大事なのかといったところまでは理解していません。だから、そのことで経理から注意されると、「それ以降の仕事は経理の仕事だろう。誰のおかげで飯が食えていると思っているんだ！」と逆ギレ状態になるなど、常に諍いを起こしているような企業も多いのです。

実は、企業の経理部長は、資金調達よりもこのあたりのことで非常に苦労しています。そこ

133

で経理部長に面談したときには、金の問題を資金調達だけの話で終わらせず、「部長、ところで他の企業様では、営業担当者に現金回収を増やせとか手形期間を短くしろ、在庫の管理をしっかりしろなどと一生懸命指導していても、なかなか理解してもらえず困っているというような話があり、非常に苦労しているとよくお聞きするのですが、部長様にはそのようなご苦労はございませんか?」と、ワザと質問するのです。

そうすると、経理部長は日頃の不満と鬱積を分かってくれる理解者に巡り合えたことに感激して、「あんただけだよ、俺の苦労を分かってくれるのは!」と心から感謝し、「話の分かる金融機関の人だ、この人は違う!」と、親近感と信頼を勝ち取ることができるのです。

このように、資金繰りにおける経理部長の資金調達という一般的な「表の苦労」だけでなく、なかなか他人に分かってもらえない「裏の苦労」を理解してあげることが大事なのです。

【経営者は金の悩みをなくしたい】

社長の苦労にも、経理部長同様の悩みはあるのですが、何よりも「借金なんかしたくない、銀行なんかに頭を下げたくない、金に苦労したくない、金繰りが楽になる体質に変えたい」と考えています。そこで、少しでも企業の資金繰り、いわゆるキャッシュフローをよくするにはどうすればいいかについて話のキャッチボールをしてあげることと、その具体策として協力できる項目は何かを打診していくことです。決して資金調達だけが悩みではないのです。

（6）経営改善の4原則（収益構造改善4原則・キャッシュフロー改善4原則）

【収益構造改善4原則：もっと儲かる体質にするにはどうすればいいか】

企業経営者の「もっと儲かるようにしたい」という望みに対して、具体的に会話のキャッチボールができるようになれば「あの人は相談できる相手だ」と感心してくることでしょう。企業の収益構造を改善するポイントは「売上げを増やして、費用を減らす」ことです。そのためには、4つの原則が基本となります。

4原則とは「数量を増やす」「販売単価を上げる」「仕入原価を下げる」「経費を下げる」です。これこそが、本業を通して儲かる体質に変えていける原理原則なのです。

以下、この4原則を細かく見ていきたいと思います。この4原則をしっかりと理解し、具体的な改善施策の項目の一つでも二つでも自分の言葉として企業経営者に話ができれば、「この人はよく分かっているな、勉強しているな、ただの金融機関の人間ではないな、さすがプロだな」と感心して、いろいろな相談を持ちかけてくるでしょう。

原則1 「数量を増やす」

商売の基本ですが、「増収」を目指すことです。現状よりも少しでも売上げのボリュームを増やして「増益」に結び付けるにはどうしたらよいのかを検討するのです。

例えば、家電や家具・食品などの小売業であれば、「支店を増やすなどして販売拠点を増やす、売り場面積を増やす、取扱商品点数を増やす、販売員を増やす、効果的な広告宣伝を展開する」などが考えられます。また、店舗販売だけでなく、通信販売やインターネット販売などの販売チャネルを拡大することが考えられます。

卸売業などの場合は「販売員の増員と販売員の能力強化および業績評価制度の導入等による営業力強化、品揃えの拡充、営業拠点の増設」などが考えられます。製造業の場合は「生産ライン増設や新工場の増設、機械化による生産性の向上、製品ラインナップの拡充」などが考えられるでしょう。建設業であれば「営業担当者の増員・能力強化、取扱工事内容の拡大、海外進出、営業所の増設」などが考えられます。

原則2 「販売単価を上げる」

売上げを増やす理想的な手段として特に注目すべきなのが、販売単価を上げることです。ある意味で企業の命であり、企業自体の付加価値までを表すものだと考えてください。

販売単価を上げ、原則3で説明する仕入原価を下げることにより、限界利益率が引き上げられます。限界利益率というと少し難しそうに聞こえますが、要は、限りなく粗利益率に近いものだと考えればいいでしょう。言い換えれば「利益率を上げる」ということです。

136

第3章 ●中小企業開拓に必要なノウハウ

例えば、小売業や卸売業であれば「値引きの縮小交渉、販売先や販売方法の見直し、販売管理情報（顧客情報）の整理をして、より高く売れる顧客は誰でどのような売り方をすればよいのか、アフターサービスなどの付加価値を加えて単価を上げられないか、取扱商品を見直してより収益性の高い商品の品揃えができないか」などを考えます。

製造業の場合であれば「製品構成の見直しをする、高付加価値の新製品開発、ブランド戦略による付加価値向上」などが考えられます。建設業の場合は「高品質・高効率工事による単価引き上げ、高付加価値工事のウェイト増」などが考えられます。

原則3「仕入原価を下げる」

販売単価と並んで、経営の重点事項に位置づけるべき要素です。いかに高品質かつ短納期で安く作るか仕入れるか、収益構造の改善でも優先的に見直しをする必要があります。

例えば、小売業や卸売業であれば「仕入先や仕入方法の見直し、相見積もりを徹底する、一括大量仕入で仕入価格を引き下げる、支払条件（現金支払）で値引きの要求をする」などが考えられます。製造業の場合は「原材料の仕入方法の見直し、購買方法や製品製造方法の見直し、外注先の見直しと内製化への変更、物流拠点の再整備と物流費の圧縮」などが考えられます。建設業の場合は「建設資材の見直し、施工方法の工夫、協力会社の見直し、工期短縮の工夫」などが考えられます。

原則4 「経費を下げる」

一般的に「固定費を下げる」とも言われます。売上げの上下に関係なく、かかってしまう経費を固定費と言いますが、役員・従業員の給料や毎月の家賃などが代表的なものです。

あらゆる業態の企業に共通するポイントとして、「パートや契約社員の活用による人件費の抑制・圧縮、機械化による人員削減、事務所移転による賃貸料の削減、遊休資産の活用や不要資産の売却、資金調達方法の見直しによる金利負担の削減」などが考えられます。

以上4つの原則を基本に、経営者と具体的な施策を交えながら話をしてみることです。当然会話の目的としては、その内容から金融機関として何ができるか、何をすればよいのかを念頭に置きつつ、相手企業のニーズや協力・支援事項が何かを顕在化していくのです。そうすれば「よく勉強しているな、具体的に考えているな、自社のことに強く関心を持ってくれているな」と評価されます。勇気を持って話を切り出してみることです。

ただし、くれぐれも気を付けてほしいのですが、しょせん企業の細かいことまでは知らないわけですし、専門的な部分もありますから、知ったかぶりだけはしないことです。話の最初に「私も勉強中ですが」、もしくは「私はあまり詳しくないのですが」といった枕詞を必ず添えることです。そうすれば、間違いがあってもたいていは許されますし、企業経営者は自分の商売のことであれば熱心に話をしてくれ、好意的に対応してくれることは間違いありません。

収益構造改善4原則

売上高を上げるか	**原則1：数量を増やす** ・販売拠点・販売チャネルの増強 ・売場面積の拡大・営業時間の延長 ・品揃えの増強（売れ筋商品） ・新市場の開拓、新製品の開発。OEM ・営業の強化 　（増員、教育、目標制度、インセンティブ） ・広告宣伝の見直し ・イベントの開催、セット販売	**原則2：販売単価を上げる** ・高付加価値製品の開発 ・ブランド戦略の導入 ・付加価値の追加 　（追加機能搭載、アフターサービス） ・戦略的販売手法の導入 　（コーディネート販売、コンサルティング販売） ・値引きの縮小交渉 　（営業担当の教育） ・顧客リストの整備と分析
費用を下げるか	**原則3：仕入原価を下げる** ・仕入先・外注先の見直し 　（競争入札、絞込み） ・材料構成の見直し ・製造方法の見直し 　（アウトソーシング・内製化） ・物流コストの削減 　（拠点網の見直し・改善） ・設備投資による低コスト化 ・仕入方法の見直し 　（大量仕入・長期契約） ・仕入先・外注先のM&A	**原則4：経費を下げる** ・人件費の見直しと生産性の向上 　（給与体系・リストラ・パート、契約社員の活用・教育） ・事務所スペース・拠点の見直し 　（統廃合や賃貸料の削減） ・事務所費用の節約 ・資金調達の見直し 　（金融機関の選別・直接金融の活用）

【キャッシュフロー改善4原則：もっと資金繰りが楽になる体質にするにはどうすればいいか】

企業経営者のもう一つの悩み、「資金繰りが楽になりたい」という望みに対してはどう対応すればいいでしょうか。

これは経験をした人間でなければ分からないのですが、資金繰りで悩むというのは想像を絶する心理的負担であり、「夜もろくに眠れなくなる」というのが本当の気持ちです。私も独立間もない時期は本当に苦しい思いをしましたし、二度と体験したくないと思っています。しかし、いつそのような局面に陥るか分からないと常に不安を抱いているのも、中小企業経営者の本音でしょう。

できれば、経営者は資金調達もしたくないのです。個人の連帯保証をしているからです。サラリーマン経営者と違い、何かあれば逃げられないのが中小企業経営者であり、「金なんか借りたくない、銀行なんかに頭を下げたくない」が本音です。仮に借りるとすれば、「上手に借りたい」のです。後で苦労するような借金はしたくないのです。

だからこそ、プロの金融機関の人間であれば、本当に相手のことを考えて、安易な借入れに対しては自制を促したり、時には断念させることが必要なケースもあるでしょう。「資金繰りに苦労せず、金を借りなくて済むようにするにはどうしたらいいのか」、これこそが経営者の最大の望みなのです。

140

第3章●中小企業開拓に必要なノウハウ

資金繰りをよくする、キャッシュフローをよくするためには、収益構造改善と同様で4つの原則にまとめられます。「利益を上げる」「回収を早くする」「支払いを遅くする」「在庫を少なくする」の4原則です。

では、一つ一つ考えていきましょう。

原則1 「利益を上げる」

付加価値の高い商売体質に変えていくことです。当たり前ですが、利益が増えれば増えるほど財産は増えていくわけですから、最も大事な原理原則です。要は、先ほど説明してきた「収益構造改善4原則」そのものが、この原則1「利益を上げる」であるということです。

原則2 「回収を早くする」

回収条件の改善は、資金繰りにおいて最もこだわって考えるべき重要な問題です。できそうでなかなかできず、やっているようで疎かになっている場合が多いのです。売上増加のために簡単に条件を妥協してしまったり、交渉力が弱いために相手に押し切られてしまうといったこともよくあります。

具体的な対策としては「取引条件の改善を交渉する（売掛期間・手形期間の短縮）、商品付加価値を上げて好条件を獲得する（競争力や希少価値があれば、売り手の有利な条件で取引でき

る)、営業担当者を教育して意識と交渉力を強化する、販売先を回収条件のよい先に変えていく、販売チャネルの見直しをする（通信販売やインターネット販売などで現金回収にする）、売掛債権管理の強化をする」などがあります。

特に中小企業の場合、売掛債権の管理状況をよく確認することが大事です。小額の売掛金を長期間ほったらかしておくような企業は、体質自体がだらしなく、資金繰りだけでなく様々なことに甘くなっている場合が多いのです。細かな部分にも厳しくしていかなければ、資金繰りを改善することなど到底できないものです。

原則3「支払いを遅くする」

回収を早くすることと同様ですが、仕入担当や外注先の管理をしている担当者一人一人が意識してこだわっていけるかが、改善のポイントです。品質を落とさず、納期を遅らせないで、いかに安価で調達できるかを考えていくべきです。

具体的には、「仕入条件の改善を交渉する（買掛期間・支払手形期間の延長）、仕入先を見直して有利な仕入条件先を開拓する、仕入方法の見直しをする（ジャストインタイム）、大量仕入や長期契約でよい支払条件を獲得する」などが考えられます。

これらの中では、特に仕入条件を変える交渉をする場合に注意が必要です。信用不安を与えてしまったり、品質を落とされたり、納期が遅れるようになったりするなど、企業の存続にも

影響を及ぼす可能性があります。

要は、もともとしっかりした管理としっかりした交渉力を持っている企業であると認識させておくということです。仕入先・外注先に決して舐められないことです。

原則4「在庫を少なくする」

先に説明した「売掛債権の管理がしっかりしている」「在庫の管理がしっかりしている」の2つが、評価基準の重要な要素になります。極端な言い方をすれば、売掛管理と在庫管理を見れば企業の善し悪しが分かるということです。トヨタが「かんばん方式」により徹底した在庫圧縮をしていることは非常に有名です。

具体的には「日頃の在庫管理の徹底、適正在庫を設定する、生産方法を見直して手持在庫を減らす（ジャストインタイム）、生産管理を強化して無駄な在庫を置かない、材料搬入方法や保管方法を見直す、仕入先や仕入条件を見直す」などが考えられます。

特に、中小企業では「適正在庫」というものに対して曖昧な企業が少なくありません。金融機関が企業の経営コンサルティングをする際に、最初に適正在庫の確定とその設定をさせるというのはよくあることで、この点はよく覚えておいてほしいと思います。

以上が、キャッシュフローを改善する4原則です。収益構造改善4原則と併せ、企業経営者

143

に対し「私も勉強中なのですが」「詳しくはないのですが」の枕詞を添えて、何が改善のポイントなのか、僅かでもお役に立てることはないのかと打診していくことです。
その際、漠然とした話だけではなく、具体的な対策も含めた話をすれば、企業経営者としてもイメージしやすいですし、何よりも「こいつは本気で来ているな」と認められることでしょう。
「そんじょそこらの金融機関の人間とは違いますよ」というメッセージであり、「舐めんなよ」のご挨拶なのです。

キャッシュフロー改善4原則

入りを増やす	**原則1：利益を上げる** ・収益構造の改善 　（収益構造改善4原則）	**原則2：回収を早くする** ・取引条件の改善 　（手形期間の短縮交渉） ・商品付加価値を上げる ・営業担当の教育 ・販売先の見直し ・販売チャネルの見直し ・売掛債権管理の強化
出を抑える	**原則3：支払いを遅くする** ・仕入条件の改善交渉 ・仕入取引先の見直し ・仕入方法の見直し ・長期契約、大量発注	**原則4：在庫を少なくする** ・在庫管理の強化（POSの導入） ・マーケティングの強化 ・適正在庫の設定 ・生産方法・生産管理の改善 ・保管方法の見直し ・材料搬入方法の見直し ・仕入先の見直し ・仕入条件の見直し

(7) 良い会社・強い会社には共通する文化がある

【ケチ・こだわる・安易な妥協をしない】

筆者はこれまで、様々な企業や経営者と会ってきました。

良い会社・強い会社と言われる企業には、経営者そのものと企業全体に共通した要素があると思います。一般的には中小企業では経営者の理念や方針がそのまま社内に浸透しているものであり、「経営者の色と匂い」が会社の文化になっていると言っていいでしょう。

その共通の文化として代表的なのが、「ケチの文化」「こだわる文化」「安易な妥協をしない文化」の3つです。

「ケチの文化」

「社長を筆頭に社員も含めみんなケチだ」ということです。

ケチとは単に金に汚いとか渋いといったことではなくて、「もったいない」と思う気持ちを大事にしていて、小さいことでも大切にする文化ができていることです。

「こだわる文化」

何事もいったん真摯に正面で受け止めて、簡単に流さない文化ができていることです。

第3章●中小企業開拓に必要なノウハウ

事の大小や相手によって対応を変えたり、態度を変えたりするような企業は、計算だけで動くような雰囲気を知らず知らずに出していて、相手に警戒されたり信用されなかったりすることがあります。「確かに細かいしうるさいけど、ちゃんと聞くし、考えてくれるし、しっかりしているよな」、このような感想が出てくる企業のことです。

「安易な妥協をしない文化」

経営者が安易な妥協をする時は、企業自体が甘くなっている時です。

「まあ、いいか」「まあ、しょうがないか」、このような言葉が組織の中で飛び交うようになると危険です。「上司が針の穴程度の妥協をしたとき、下の人間からは大きな穴に見えてくる」、これが上下関係であり、組織なのです。経営者が安易な妥協をすることは禁物なのです。

「みんなケチになれ！ 何事もこだわれ！ 安易な妥協はするな！」、この3つの文化を大事にしてほしいと、経営者にアドバイスしてほしいものです。

(8) 電卓1本で社長の信頼を獲得する

【損益分岐点を使った話題展開方法】

財務分析の中に「損益分岐点」という項目があります。金融機関の人間であれば必ず覚えてほしい知識です。また、この損益分岐点の考え方こそ、企業経営者の発想であり、商売の原点でもあるのです。

中小企業経営者は損益分岐点について、理論的には詳しくないかもしれませんが、実は常に損益分岐点でモノを考えたり、管理をしたり、判断をしているのです。損益分岐点の感性が身体に染みついているとも言えます。そういう意味では、中小企業経営者と数字の目線やベクトルを合わせるためにも知っておくべきことなのです。

そして、この損益分岐点を知っていれば、企業経営者と現状の経営の問題、今後の事業計画の設計などで的確な話やアドバイスができるようにもなります。それも、何も見ないで電卓1本を片手に持ちながらやるのです。そうすると経営者は「さすが金融のプロだ、こりゃあ話せる、相談できる！」と絶大な信頼を寄せること間違いなしです。

何かとんでもなく難しそうに感じるかもしれませんが、実は損益分岐点の基本的構造を理解していれば、意外と簡単なことなのです。筆者も、銀行員時代から現在のコンサルティングにおいても、この「電卓1本片手に」をわざと経営者の前でやって見せながら、こちらに関心を

148

第3章●中小企業開拓に必要なノウハウ

持たせることをしています。

では、まず損益分岐点についてですが、損益分岐点とは企業損益の黒字と赤字の接点、いわゆる「収支トントン」の売上高のことです。売上げに関係なく毎月出費する経費が「固定費」です。この固定を賄えるだけの利益を上げれば、収支トントンか黒字ですし、下回れば赤字です。その利益の絶対値のことを「限界利益」と言います。一般には、中小企業であれば限りなく「粗利」に近いものです。

収支トントン：限界利益＝固定費

限界利益とは売上げから原価（商品の仕入に要した費用や製品を製造するのに要した費用）と、販売に伴って要した費用を差し引いたものです。これら売上げに応じて増えたり減ったりする費用を「変動費」と言います。

限界利益：売上高－変動費

売上げに対してどれだけの変動費がかかるかを表したものを「変動比率」と言います。いわば原価率のようなものです（「うちの商売は約４割が原価なんだよ」とよく言われます）。

変動比率：変動費÷売上高

その逆が限界利益率です。いわば儲け率のようなもので、粗利に近いものと考えてもいいで

しょう（「うちの商売は、約6割利益が取れるんだよ」とよく言われます）。

限界利益率：1ー変動比率

この限界利益率では固定費を賄うにはいくら売上げが必要か、というのが損益分岐点売上高です（「固定費〇円を賄うには、うちの商売の儲け率では〇円売らないと赤字になっちゃうんだよ」とよく言われます）。

損益分岐点売上高：固定費÷限界利益率

次に収支トントンより売れば黒字ですから、利益〇円を出すためにはいくら売ればよいのかが、企業にとっての予算ということになってきます（この利益のことを「目標利益」と言います。「うちの商売は、固定費〇円賄って、利益〇円残すためには、〇円売らないとダメだな」とよく言います）。

予算：（固定費＋目標利益）÷限界利益率

是非、以下の方程式を徹底的に覚えてほしいのです。

企業の予算目標＝（固定費＋目標利益）÷限界利益率（1ー変動費÷売上高）

この方程式こそ現場の会話で使える決め手になります。

【ゲームソフト販売店を例に考える】

さて、この損益分岐点と目標利益の基本構造を活用して「さすが金融のプロは違う」と言わしめる話題展開方法を検討していきましょう。

例えば、ゲームソフトを販売している小売店で考えてみます。ゲームソフトは、1個当たり2000円で仕入れるとします。販売は1個当たり4000円で売るとします。ゲームソフトは、1個当たり2000円で仕入れるとします。販売は1個当たり4000円で売るとします。この場合、「うちの商売の原価率は5割だ。うちの商売は5割儲かる」と言えます。「うちの商売の変動比率は50％だ。うちの商売は限界利益率が50％だ」とも言えます。

仮にこのゲームソフト店は、毎月家賃に10万円、給料が30万円かかっているとします。40万円の固定費を賄うためには80万円売らないと収支トントンにならないですね。この80万円が損益分岐点売上高であり、ゲームソフトを200個売る必要があるということになります。

- 売上80万円÷販売単価4000円＝200個
- 固定費40万円÷限界利益率50％＝損益分岐点売上高80万円

さらに、もし店として月間10万円の利益（目標利益）を残したいとしたら、100万円の売上げが必要で、個数にして250個を売ればいいことになります。

（固定費40万円＋目標利益10万円）÷限界利益率50％＝予算売上高100万円

売上100万円÷販売単価4000円＝250個

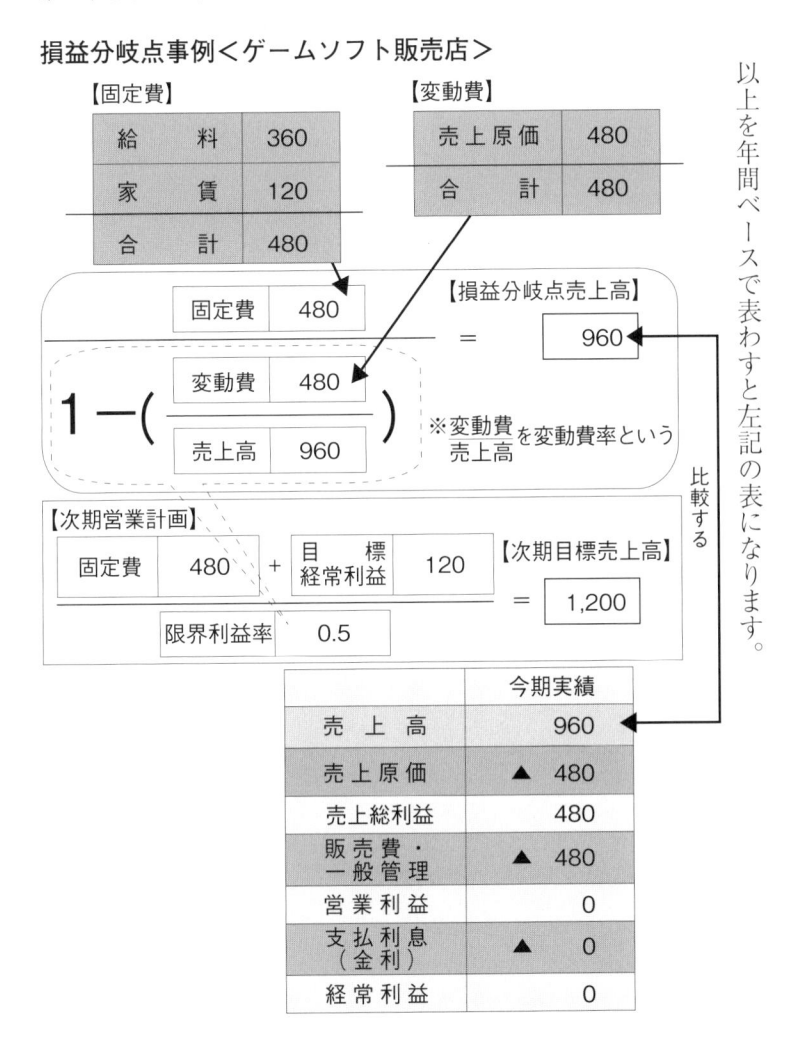

第3章●中小企業開拓に必要なノウハウ

損益分岐点事例＜ゲームソフト販売店＞

【固定費】

給 料	360
家 賃	120
合 計	480

【変動費】

売上原価	480
合 計	480

$$\frac{固定費\ 480}{1-\left(\dfrac{変動費\ 480}{売上高\ 960}\right)} = \boxed{960} \text{【損益分岐点売上高】}$$

※変動費／売上高を変動費率という

【次期営業計画】

$$\frac{固定費\ 480 + 目標経常利益\ 120}{限界利益率\ 0.5} = \boxed{1,200} \text{【次期目標売上高】}$$

以上を年間ベースで表わすと左記の表になります。

比較する

	今期実績
売 上 高	960
売 上 原 価	▲ 480
売上総利益	480
販売費・一般管理	▲ 480
営 業 利 益	0
支払利息（金利）	▲ 0
経 常 利 益	0

153

《会話の展開》

自分「このようなご商売ですと、やはり40〜60％の利益率は確保されるんでしょうか。社長のところは大体どのくらいの利益率なのですか？」

客「せいぜい50％ぐらいだよ」

自分「毎月の経費（財務に詳しそうな社長であれば固定費）はどのくらいですか？」

客「だいたい40万円ぐらいだね」

（ここで電卓を出し、実際に計算しながら話を進めていきます）

自分「ということは、月間の損益分岐点が80万円で年間では960万円となりますね。前期などはいかがでしたか？」

客「何とか収支トントンまでは持っていけたかな」

自分「今期はどの程度の利益を出したいと考えていらっしゃるんですか（あるいは「目標の利益を設定されているんですか」）」

客「できれば、120万円ぐらいは残したいもんだよね」

自分「ということは、予算売上が1200万円となりますね、すると、前期対比約25％増の売上げを上げなければならないですね。見込みはいかがですか？」

（ここで、毎月の固定費40万円を12ヵ月に計算して、目標利益120万円を加え、限界利益率50％で除して予算売上1200万円を算出します）

154

第3章 ●中小企業開拓に必要なノウハウ

客「25％か…。厳しいな、そこまでは」

自分「とすると、品揃えを変えるなりして販売単価を上げられるか、仕入先の見直しなどで仕入原価を下げるか、固定費を下げるしかないですね。その点について、私どもでお役に立てることは何かないでしょうか？」

以上のような会話により、電卓片手に目の前で瞬時に計算しつつ、企業の実態把握とニーズの掌握をしていくのです。経営者は「数字に強いやつだな！　よく経営のこともよく分かっているじゃないか」と感心し、いろいろと相談してくることは間違いないでしょう。

実は、感覚では分かっていても、このような理論値でものを考えることの苦手な中小企業経営者は非常に多いのです。また、できれば自分の苦手部分なり理論値部分をサポートしてくれるような相談相手を心から望んでいるのも、中小企業経営者なのです。そして実際、社内的にはそのような人材がいないのも中小企業の特徴であり、税理士にもそうした相談はできていない場合が多いのです。

ですから、ちょっとした計算スキルを身に付けるだけで、経営者から大変な期待と信頼を得ることができるのです。是非、現場で勇気を持ってやってみてほしいと思います。

「損益分岐点」を活用した話題展開方法の事例を2つほど掲載しておきますので、参考にしてください。何も見ないで「電卓1本」でやることがポイントです。金融機関の人間がいかに数字に強くなることが重要か、分かってもらえると思います。

損益分岐点活用による話題展開方法

前提条件
1. 売上高 3,000 百万円　2. 売上総利益率　40％（原価は原材料と外注費）
3. 固定費 1,000 百万円　4. 営業利益 200 百万円

シナリオ1

【Q】原油の値段もようやく落ち着いて、1バーレル当たり○ドル台になってきたようですが、まだまだ以前に比較しても高いですね。御社の製品原価への影響はどうですか？

【客】そりゃ当然あるよ

【Q】全体原価のどれくらいコストアップしそうですか？

【客】5％ぐらいかな（ここで電卓を持ち出して）
　　　　　　　　　　　　　　コストアップ　コストアップ後の原価
　　　売上 3,000 百万円 × 原価 60％ × 1.05 ＝ 1,890 百万円
　　　　　　　　　　　　　　　　　　　　　新しい限界利益率
　　　1－（1,890 百万円 ÷ 3,000 百万円）＝ 0.37

【Q】年間の固定費はいかほどでしたかね？

【客】約 1,000 百万円だよ

【Q】来期の目標営業利益はどのくらいに設定しているんですか？

【客】300 百万円だよ

【Q】ということは、損益分岐点が 2,703 百万円で、今期並みの利益を確保するには 3,243 百万円、来期の目標売上高は 3,514 百万円になりますね？
　　損益分岐点売上高
　　　　1,000 百万円 ÷ 0.37 ＝ 2,703 百万円
　　今期利益 200 百万円の目標売上高
　　　　1,200 百万円 ÷ 0.37 ＝ 3,243 百万円
　　目標利益 300 百万円の目標売上高
　　　　1,300 百万円 ÷ 0.37 ＝ 3,514 百万円

【Q】17％も増収するというのは、相当厳しい目標となりますね、
　　コスト分を販売単価に転嫁できればいいんでしょうけど、難しいんでしょうね？

【客】そりゃ無理だね

【Q】では、外注費を抑えていくか、固定費を落としていくかですね。その点はどうですか？

【客】当然考えなければならないだろうな

【Q】新しい外注先や社内全体経費の見直し・効率化で私どもがお役に立てることがあれば、是非ともお声をかけていただきたいと思います

第3章●中小企業開拓に必要なノウハウ

シナリオ2

【Q】現在採用環境が非常に厳しいようですが、来期人員の増員はお考えですか？

【客】営業要員を6名ほど増員して営業力強化をしようと思っている

【Q】平均1人当たり5百万円程度の人件費負担が増えると考えられますか？

【客】そんなもんだろう（ここで電卓を持ち出して）

【Q】ということは、今期年間固定費が1,000百万円とお聞きしてましたから、30百万円の増加を見込むと今期並みの利益を確保するのには3,075百万円になりますね。
来期の目標営業利益はどのくらいをお考えですか？
人員増加後の固定費
((1,030百万円＋利益200百万円)÷限界利益率0.4＝3,075百万円)

【客】300百万円だよ

【Q】ということは、来期の目標売上高は3,325百万円になりますね？
(1,030百万円＋目標利益300百万円÷0.4＝3,325百万円)

【Q】増員に伴う新規顧客開拓では特に力を入れる分野やマーケットはどのようなものですか？

【客】現在付き合っている以外の新しい業態への進出を考えているんだよ

【Q】具体的に教えていただければ、私どものネットワークをご活用いただいて少しでもお役に立ちたいと思うのですが。また、人材教育などの分野でも必ずやお力になれるのではないかと思います

---

12. 法人営業の具体的ステップ 〜アプローチスタイルの研究

(1) アプローチ前ステップ

【マーケット拡大に必要な視点】

よく担当替えや、転勤で営業店を移ったような時に、自分の担当地域に失望して「俺の地域はペンペン草も生えない」と言う営業担当者がいますが、それは全くの言い訳に過ぎません。ペンペン草も生えないと言われる地域でも、「できる営業」が行けば花が咲くのです。

ただし、「できない営業」などというものはなく、「やろうとしないヤツと汗を流さないヤツは、何をやってもダメ」ということに尽きます。業績が上がらないと、すぐマーケットや商品などの「外的要因」にすり替えようとする営業担当者がいますが、そのような営業担当者はどこに行っても、何をやっても成功しません。「外的要因」に文句を言う前に、まず「自己要因」を考えることが最初なはずです。

これを踏まえ、マーケットを考える場合には「自己資源」「社内資源」「社外資源」の三つの視点に着目すべきと考えます。

第3章●中小企業開拓に必要なノウハウ

・自己資源

自分自身の既取引先の調査をしっかり行うことです。それぞれの企業の業態と取引実態、今後の取引拡大見込み、自分のネットワーク企業になり得ないか、などの評価をしていきます。

また、過去の新規営業先リストの整理・簡潔評価を行い、今後の営業材料として攻めていくか否かの判断をします。

・社内資源

支店・支社・営業所の主要取引先や、営業担当者仲間の取引で主なところは把握しておきたいものです。自分の営業のネットワークとして活用するのです。また、自分の会社が親しいもしくはグループを組んでいる上場会社なども把握しておくと、ネットワークとして役に立つことがあります。

・社外資源

親密な他業態金融機関や税理士・弁護士・公認会計士・司法書士・納入業者など、支店として付き合っている親密先も把握しておくべきです。

【マーケット調査で地域特性をつかむ】

先にも触れましたが、自分の担当地域や企業について、前任者の評価などから先入観を持って見ることは慎むべきです。例えば「あの企業は行っても仕方ないよ」とか、「あの企業は昔ケ

ンカをして、出入り禁止になっているんだ」など、半ば伝説化されたような話を聞くことがあります。しかし実際行ってみると、社長の考えや担当者も変わっているなど、「話が違う」という場合も多々あるものです。まずは頭を真っさらな状態にして、一から始めてみること、そして自分の目と耳で確かめてみることです。

また、自分の担当地域についての相場観くらいは持っていたほうがいいでしょう。都市計画や建ぺい率、容積率、路線価格、公示価格、基準値価格や売買事例、地域の賃貸料相場や保証金月数、空室状況などの特徴を掴んでおくと、取引先で不動産関係の話になった時に便利ですし、「よく知っているな」と感心されることも「舐められない」コツです。

筆者がよく新規営業で使っていた手法ですが、新規先の近くのビルに「テナント募集」等の看板があった場合、その場で管理している不動産屋に電話をします。そして「すみませんが、いま私のお客さんで事務所スペースを探している企業がありまして、坪単価の賃料・共益費と保証金を教えてください」と聞いてみるのです。

その情報を持って新規先に行き、「失礼ですが、現在のこの事務所の賃料はお幾らですか、保証金は何ヵ月分払っているのですか？　いや、このような質問をしたのは、2件隣のビルで空室がありテナントを募集しているのですが、賃料が○円で保証金が○ヵ月となっているようです。現状相場はそれくらいですから、もしそれよりも高ければ、値下げ交渉をされてはいかがかと思いまして。もし移転等のご希望があるならご協力しますよ」と、情報提供と不動産ニー

160

マーケット調査

```
＜地　域＞
・担当地域や担当企業を色眼鏡で見
　ない
・担当地域の都市計画、建ぺい率、
　容積率、地価保証金、賃貸料等の
　相場観をつかんでいるか(売買事
　例、空室情報)
・地域特性をつかんでいるか

＊見込み客と資源は必ずいっぱい
　あるはずだ！
　足元を見直せ！！
```

ズの掌握を同時に行い、取引のきっかけを探っていました。

このように、担当地域の不動産会社2社くらいとは、情報源として付き合っておいて損はありません。見込み客と資源はたくさんあるはず、まず自分の足元をしっかり見ることです。

(2) アプローチステップ

① 準備

実際に個別企業を訪問する前に、できることはすべてやってから訪問する方が、当然営業としてはベターです。しておくべき事前準備は「属性把握」と「ネタの準備」です。

【属性把握】

帝国データや東京商工リサーチの資料、過去の訪問記録や取引経緯などの資料も一読しておくべきです。最近では、企業のホームページを確認することも常識になってきています。さらに言えば、売上げや利益、販売先・仕入先や社長の個人属性程度の主要な項目は頭に入れておくか、手帳にメモしておきたいものです。

【ネタの準備】

できるだけ役に立つ情報を準備するのがベストです。帝国データの資料などから話題展開のキーワードをピックアップし、シナリオ展開できるように二つ三つ用意しておければ、よりいいでしょう。さらに、「中小企業の財務指標」から該当企業のページをコピーして情報提供することも喜ばれます。

アプローチステップ

【準備】
＜属性把握＞
・社内資料を確認したか

業種、売上、利益、設立年月、従業員数、取引先、仕入先、社長属性、主力銀行、主力商品

＊帝国データの資料から売上、利益、販売先、仕入先を頭に入れておく

＜ネタの準備＞
・役に立つ情報を持って行く準備をする
・ネタは小出しにする

ただし、ネタは小出しにすることです。デパートのように何でもかんでも店開きしてしまうと混乱してしまいますし、希少価値が薄れてしまいます。

② 自己管理

自己管理とは、計数管理とモチベーション管理のことです。具体的には「目標と計画」「気持ちと気迫」という二つの視点に着目します。自己管理がどれくらいできるか、これは「デキル営業」と「ダメな営業」の分岐点ともなる重要項目です。

【目標と計画】

明確な日次・週次・月次の目標と課題を設定することです。勘に頼った営業は問題外です。さらに、時間設計も大事なポイントです。同時に、計画が絵に描いた餅にならないよう、進捗状況の管理も当然重要です。計画は達成にチャレンジしてこそ計画ということです。

【気持ちと気迫】

これがなければ、計画がいくら立派でも達成できません。同時に、営業のあるべき姿を標榜し、実行に移していける志の継続が大事です。

金融の仕事は、中小企業の事業活動をお手伝いする重要な仕事です。良いことをしに行っているわけですから、堂々とした態度と面構えで行くべきです。お役に立ちたいという熱意と誠意は、まともな中小企業経営者であれば必ず分かってくれると信じることです。

164

自己管理

＜目標と計画＞
・明確な目標の設定をする
・日次、週次、月次と具体的にブレイクダウンする(勘はダメ)
・時間の有効な活用をする

＜気持ちと気迫＞
・「何か役に立つぞ」の思いは伝わる
・堂々とした態度と面構えで行け
・自信のない態度なら行くな

③ 初動

新規営業で一番難しいのは入り口です。そこで、「ボーッと訪問するべからず（目を光らせろ）」「最初が肝心」「機先を制する」「攻めて話をさせる」「フットワークを軽く」「常にフォロー」の6つのポイントが重要になってきます。

【ボーッと訪問するべからず（目を光らせろ）】

話題展開方法の「環境情報」でも説明しましたが、話のネタは現場にこそ転がっています。経営者のこだわりや想い、企業文化の匂いは、現場にこそあるのです。したがって、訪問する企業へと向かう道筋から目を光らせて、しっかりと情報を収集することです。特に企業の社内や工場では、経営者が「こいつ、よく見ているな」と思わせるような情報を探し出して、第一声で質問するのです。

【最初が肝心】

面談初期に舐められないことです。最初が肝心であり、第一印象で80％近くが決まってしまうと考えるべきです。お願い営業ではない、「あなたの企業にプラスをもたらすために来てるんだ」という自信のある態度で、熱意と誠意を伝えるべきです。

また、10分程度と約束したら、10分を守ることです。もし超過しそうな場合は、「お約束の時

166

第3章●中小企業開拓に必要なノウハウ

間を過ぎてしまいますが、大丈夫でしょうか？」と、必ず確認を取ることです。時間と約束に厳しい印象を与えるべきです。

また社長だけでなく、受付の人にもきちんと応対することです。これこそが「入り口の壁」となり得るからです。

【機先を制する】

中小企業の経営者は、世間話をしているほど暇ではありません。最初から、具体的な企業の経営上の支援項目に関する話をするべきです。これにより、自分の観察力や考えが鋭いなという印象を与えるのです。これが「舐めんなよ」です。

【攻めて話をさせる】

いかに相手に話をさせるかです。経営者に話したいと思わせるような最初の「値踏み」に絶対勝利することです。最初の接点の持ち方次第で、相手が話してくれるかどうかが決まってしまうのです。「こいつはできる、こいつは面白い、こいつは話せる」と思わせるためには、やはり自分のセールスよりも、経営者や企業の悩みや想いを聴き出すことが肝要です。まず話をさせて、「では私は、どのようなことで御社のお役に立てるでしょうか」と、必ず宿題を持ち帰ることに執着しましょう。

【フットワークを軽く】

「できる営業」の項目でも述べましたが、営業担当者は動きが俊敏でなければなりません。相手の課題にはクイック・レスポンスで対応する、宿題には迅速に対応することです、当日か翌日に回答することを心掛けましょう。

【常にフォロー】

飛び込み訪問の場合でも、面談後はお礼のレターかメール・電話でアクションをします。金融機関の人間には「真面目さと誠実さ」が必須なのです。また、訪問の経緯は必ず記録しておくことが大事です。これが、支店の将来にも自分自身にとっても財産となります。できる限りこまめに記録を残しておくべきです。

さらに、訪問頻度の管理をしつつ、絶対に訪問先数を落とさないことです。業績を左右するのは「訪問先数×確率（営業力）」ですから、訪問先数を絶対に減らさない自己管理が重要になってきます。

一方、訪問先を「短期決戦」「中期決戦」「長期決戦」に分類して、訪問計画をムダのないものにすることも重要です。新規で失うものはないのですから、一度や二度の門前払いで落ち込んでいるヒマはありません。徹底的に訪問先数を増やす努力をしてください。同時に自分の営業の方法を常に省みて、問題点と改善点を明確にしておく努力を忘れないことです。

第3章●中小企業開拓に必要なノウハウ

初　動

<ボーッと訪問するべからず(目を光らせよ)>
・駅から会社までのロケーションの特徴は
・会社の入居しているビルは自社ビルか、テナントか
・事務所の中には何人ぐらい働いているか、年齢の特徴は、男女の比率は、設備は
・社是・社訓、カレンダー(取引先・銀行・生損保等)
・ポスター、ホワイトボード、グラフ
　(方針、計画、運動、キャンペーン等の確認)

<最初が肝心>
・第一印象で次への展開の80％が決まると心する
・信頼と熱意を伝えることが一番
・最初に面談時間を決めて極力守る
・受付の人間も大切にする

<機先を制する>
・最初から具体的話題で攻めよ
・相手に観察の鋭さを印象付ける

<攻めて話をさせる>
・相手に話をさせることが成功の最大ポイント
・セールスよりも相手の悩みや考えを引出せ

<フットワークを軽く>
・宿題は誰よりも早く動け
・翌日には具体的な解答を持参せよ

<常にフォロー>
・面談のお礼のレターか電話を必ずする
・訪問頻度を記録し、顧客別に色分けする
　(短期決戦、中期決戦、長期決戦)
・一度ぐらいで絶対あきらめない
・自分の訪問を振り返る(問題点と改善点)

④ 本動

ここからは、いよいよ具体的な提案やセールスをする場合のポイントについて述べます。あくまでもここで言うセールスというのは、自分の商売だけではない企業に対する支援事項も含まれていると考えてください。

まず、「セールスタイミングを逃さない」「失敗は次のチャンス」の二つの視点を検討してみましょう。

【セールスタイミングを逃さない】

面談初期段階での自分自身の売り込みにおいて、企業経営者がこっちを向いたなと感じたら焦らず一気に攻めることがポイントです。具体的な約束事を決めて宿題に発展させるのです。こちらの提案に興味を示しているのであれば、遠慮なく具体的提案に展開するべきです。

基本的には相手ニーズを優先させ、顧客の利益に結びつく結論が出ない限り、クロージングすべきではありません。ましてや、どんなに話が停滞していても、お願いスタイルにだけは絶対ならないことです。全てが水の泡になります。

少しでも問題があるようであれば、もう一度よく話を聞き、相手のニーズを確認していきます。お互いが納得できる合意点が出てこなければ、商談を終わらせるべきではないでしょう。取引をする場合も最初が肝心です。焦りとお願いは禁物です。

第3章●中小企業開拓に必要なノウハウ

本　動

セールスタイミングを逃すな
- 自分に興味と聞く耳を持ってくれていると判断できたら一気に攻める
- 具体的提案書は必ず携帯せよ
- 相手のニーズを優先させる
- 相手の検討すべき事項を明確に示す
- あわてず、沈黙に耐え余裕を持つ
- 気を緩めず、最後まで顧客の利益を考えているという熱意と誠意を示す
- お願いスタイルはしない
- 心からのお礼を忘れない

失敗は次のチャンスだ
- 自分の力不足で役に立てなかったことを詫びる
- 貴重な時間を無駄にしたことを深く詫びる
- 次につながる別れ方を心掛ける

【失敗は次のチャンス】

最終的に商談が成立しなくても、嫌な顔をするべきではありません。断られたときこそ、さわやかな態度でいったん引くべきです。「力不足でお役に立てないようでした、貴重なお時間をムダにして申し訳ございません。ありがとうございました」と、これ以上ない丁寧な挨拶を忘れなければ、必ず明日のきっかけにつながっていきます。

⑤ 継動

取引開始後に一応の実績が上がると、訪問を極端に減らして、いかにも結果が出たらそれでお終い、数字につながらない先はほったらかしというケースがよく見受けられます。せっかく新規取引をしても長続きしない理由に、このような担当者の対応がよくあります。

これは、客を「ただの客」で終わらせているからです。目先の実績だけに固執して、大事な財産を失っているともいえます。継続こそ大事なのです。継続した取引から「自分のブレーン化を目指せ」です。

【ブレーン化を目指せ】

新規で取引がスタートした時というのは、相手企業のことを最も研究している時で、誰よりもその企業のことを知っている時期です。その時期にこそ、相手を自分のネットワークにするような徹底した動きを、集中的にやるべきです。自分のファンになってもらうくらいに、一生の付き合いができるような関係作りを目指すべきです。熱い関係の内がチャンスです。

【実績に伸び悩んだときは】

よくある話ですが、実績が伸びなくなってくると、非常に悩んだり、いろいろと考え込んでしまうことがあります。こうした場合、数字が欲しいこともあり、行きやすい企業や頼みやす

第3章●中小企業開拓に必要なノウハウ

続　動

ブレーン化を目指せ
- 取引獲得後の短期間の対応が大事
- 徹底的に自分のファンにさせる
- ブレーン化して顧客の人脈に入っていく
- 継続的なフォローを忘れない

実績に伸び悩んだときは
- 迷ったら動け
　悩んでも解決はしない、動けば自ずと答えが見つかる
- もう一度これまでの既取引先と新規営業先を見直してみる（やるべきことができているのか、やり残したことはないか）
- 相手を誰よりも知る
　相手のことを知れば知るほど、必ずニーズは見えてくる

　い企業に偏って訪問してしまいます。そのため、絶対的な訪問先数が減ってしまうのです。こんな時は、まず動くことです。悩んでも解決しませんから、とにかく動くことです。訪問先数を増やすことで、必ず光が見えてくるものです。また、今までの既取引先や新規訪問先の見直しを再度行い、やるべきことができているか、やり残していることはないかを検討します。

　重要なのは、相手を誰よりも知ることです。知れば知るほど、必ず何かニーズが見えてくるものです。

第4章 成功するためのプラスワン

第4章 ● 成功するためのプラスワン

1. 飛び込み営業へと飛び込んだきっかけ

【働かない先輩、でも優秀な秘密】

　筆者が初めて銀行で外回りの仕事をしたのは、22歳の時でした。当時勤務していた神田支店という店は、富士銀行の中でも全国1位2位を常に争う業績優良店で、同じ課の先輩はいわゆる成績優秀者の猛者ばかり。私のすぐ上の先輩が確か27歳で、私は言ってみれば「小僧」みたいなものでした。

　先輩たちは、とにかく素晴らしい業績を上げるのですが、当時の自分の目から見るとほとんど働いていない印象でした。毎日のように午前中も午後も喫茶店に皆で集まり、ああでもないこうでもないと議論をしたり、喫茶店のテーブルに備えられ当時流行っていた「インベーダーゲーム」に興じたりでした。

　確かに、3月6月9月12月の四半期の締め月は普段よりも働いている感じはしましたが、それでもあまり働いている様子ではないのです。ところが、個人の目標も課の目標も未達成にするなどということはまずありませんでした。

　どこかに秘密があるはずだと、先輩たちの様子を観察していると、当時の銀行員の出勤は朝

176

第4章●成功するためのプラスワン

早く、先輩たちは毎日7時半には席につき、8時頃から取引先に電話をしているのです。外出するまで、またお昼から午後の外出まで、帰店後もほとんど取引先と電話をしていました。時にかなり激しいやりとりもあり、よく電話で喧嘩をしたり笑ったり怒鳴ったり、それはそれはすごい営業でした。つまり、電話で交渉のほとんどを行い、ここぞという時のみピンポイントで訪問するというような活動をしていたのです。

私も最初のうちは先輩に連れて行かれることもあり、同じような行動をしていたのですが、当然実績など上がるはずもなく、苦しむ結果となりました。

【鬼のような課長、でも凄い】

この神田支店にいた当時の課長というのが、富士銀行でも有名な名物課長で、恐怖政治を絵に描いたような人でした。某大学の応援団長経験者で、何かあるとすぐ怒鳴るような人で、ものすごく怖い存在でした。

先輩たちにとっても同様で、課長の前では数字が「落ちる、下がる、剥げる」などとは決して口に出して言えないのです。先輩たちにとって、この課長の存在も目標を達成させる要因でした。成績も上がらない私などは、毎日文句を言われ続け、終いにはノイローゼ寸前になったものです。

しかし、この鬼課長との付き合いは数ヵ月という短い期間でしたが、課長から学んだことは

非常に大きいものでした。課長は「目標は達成するもの、達成できない目標などない、妥協を許さず、絶対諦めない、まだまだやれることがあるはず」という信念のもと、鬼気迫る執着心を持って最後までやり抜く人でした。あのパワーと精神は忘れられない教訓となっています。

【鬼課長が「えびす顔」になった時】

新任間もない頃、私の担当先のある社長から、従業員数十名の財形預金の解約を依頼されました。前任者の時から話はついているということなのですが、真相は、その前任者が自分の目標達成のため、むりやり短期間を条件に契約したものだったというのです。

仕方なく預かり、帰店して事情を課長に説明すると、案の定「馬鹿やろう、子供の使いか！もう一回行ってこい」と怒鳴られ、再度相手企業に継続をお願いしたのですが断られました。3回再訪させられたところで、「馬鹿やろう、ついて来い！」と今度は、課長に同行することになったのです。

鬼のような形相だった課長が、相手企業の社長に会うと信じられないような「えびす顔」になり、物腰も柔らかく話を始めました。そして、そのうちだんだんと社長に説教するように、なぜ財形が企業と従業員にとって必要か、その有効性を説くのです。喧嘩腰のような折衝だと思いましたが、交渉が終わる頃には社長は感激し、課長と握手をしていました。もちろん、財形預金は継続されました。社長から従業員に説明して正式な納得を取ったうえで、その企業の

重要な福利厚生手段として定着したのです。

課長のあの素晴らしい交渉は、正義は正義として、良いものは良いものとして堂々と説得していくことが大事だということ、諦める前に「まだやれることがあるはず」ということを忘れないことが大切だと教えてくれました。

2. 飛び込み営業を実践して

【頭がなけりゃ身体使うしかない、人と同じことをやっていてはダメ！】

業績が伸びずに思い悩んでいた私はある時に、課長から言われた「馬鹿は馬鹿なりにやれ」という言葉から、「飛び込み営業」を行うことを思いつきました。何もできない馬鹿なんだから身体を使うしかない。この結論から、毎日毎日ビルの最上階にエレベータで上がり、上から順番に1社1社訪問を繰り返していったのです。

帝国データを見るでもありませんから、ただの御用聞きのような営業でした。恥ずかしい話ですが、当時、東証一部に上場していた某社にも大胆不敵に飛び込み、出てきた財務関係担当者に「こんにちは。富士銀行ですが、御社はどんなお仕事をしているのですか」と質問したのです。担当者は驚きとショックを隠しきれず、「えっ？ 私どもの会社を知らないですか…。私どもも富士銀行さんと一緒で、東証一部に上場している企業なんですがね」との返事に、さすがにその会社には二度と行けませんでした。

そんなことを繰り返し、毎日死に物狂いで飛び込みを重ねましたが、当時担当していたエリアは内神田一丁目という狭い地域で、全てのビルを回りきってしまい、行く先がなくなってしまいました。そこで大手町に越境し、目ぼしいビルを探して、また飛び込みを続けました。

第4章 ●成功するためのプラスワン

これまた恥ずかしい話ですが、当時、自分の銀行の本店横に「大手町ビル」という巨大なビルがあり、テナント表示を見るとものすごい数の企業が入居していました。これを見た私は、「行けるところがたくさんある！」と喜んでいたのですが、そのビルは銀行の関係会社や芙蓉グループの関係企業が入居していたビルですから、当たり前ですが、自分の銀行と既に取引のある企業がほとんどで、大恥をかいた経験があります。

その後、少しずつ頭も使いながら訪問を継続していました。完成間近の新しいビルを見つけると、3ヵ月目くらいからようやく成果も上がりはじめました。完成間近の新しいビルを見つけると、3ヵ月目くらいからようやく成果を探して訪ね、入居予定企業を聞き出して移転前に訪ねていき、工事案内看板からビルオーナーですが、その地区は私が担当でございます。移転の節はぜひ私どもとお付き合いください」と挨拶したり、引っ越し最中の当日にわざと訪ねて「新事務所おめでとうございます。この地区担当の銀行ですが、何かお手伝いしましょうか」などと、今考えると無茶苦茶な営業もやっていましたが、結果として自分の営業の基本を作ることができたのもこの時期だったと思います。

【飛び込みが原点】

そんな最初の経験から、私は「飛び込み営業」が大好きになり、営業の原点として現在も大事にしているところです。現在、私が手掛けている教育ビジネスの取引先は、どうしても従業員数の多い上場企業が主要なターゲットになります。私どものような名もない企業が、何のツ

181

テもない上場企業に営業するわけですが、その手法が「飛び込み営業」なのです。
具体的には、会社四季報を購入して数十社の企業リストを選択します。当時まだ慣れないパソコンで案内文書を作成し、コピーして郵送、到着時期に電話をかけ、「先日お送りした資料は届きましたか、この件で一度お話をさせてください。必ずや御社にお役に立てることがあると思うのですが、10分20分お時間をいただけませんか」とアポイントを取り、訪問時に一発勝負のプレゼンテーションを行うという方法で、今日に至っています。
ある日本最大手のリース企業との取引を獲得した時の話です。ある日の朝、日経新聞に「銀行業務検定を社員に奨励する」という内容の小さな記事が掲載されました。それを見た私は、すぐその場でリース会社の教育担当に電話をして「今朝のこの記事のことでお話をしたい、必ずお役に立てることがあるので数十分程度お時間をいただきたい」と、電話による飛び込み営業をかけたのです。
すると、新聞にまで記事が載るわけですから、案の定リース会社も反応を期待しており、アポイントが得られました。その後プレゼンが成功し、取引をすることができたのです。他の上場企業取引も、同様の営業手法によるものがほとんどです。
また、独立当初、「元都市銀行出身」というカンバンを利用して営業をと考えましたが、バブルが弾けた後の銀行などカンバンにもならず、効果もありませんでした。そこで、カンバンなどに頼らず、我々のしていることの付加価値をどうやって伝えるかにこだわっていくことだと

第4章●成功するためのプラスワン

覚悟しました。何よりも、絶対的な自信がありました。「付き合ってもらえば、試してもらえば分かる、必ず役に立てる」という確信のようなものを持っていました。
簡単に言えば、我々にはそれしかないとも言えるのです。金融機関の営業も同じでしょう。形のない付加価値を売る商売は、それだけ自分の仕事に対する自信と確信を持てることが大事ですし、自信もないようでは営業しても仕方ないのではないでしょうか。

3. 法人営業の基本8ポイント

ここで、法人営業を始めるにあたっての「8つのポイント」について説明しましょう。

第一…「相手を知る」

どんなにうまいプレゼンテーションをしても、結局相手企業のニーズに合っているかが重要であり、違っていれば当然ですがこちらに関心を持ってくれないでしょう。ニーズを確認するためには、事前調査をできる限り行い、徹底的にニーズに到達するまで聞くしかないのです。帝国データや東京商工リサーチなどの調査資料の確認や、インターネットからの企業のホームページを閲覧するなどして、企業の属性を事前把握することはもちろんのこと、同業者や近隣企業や業界組合等に人的つながりがあれば、当然ヒアリングしておくことが大事です。

そして、一番大事な「聞く」ということですが、これは相手に自ら語らせられる「聴く」ができるかです。そのためには、語りたくなるような我々自身の魅力を感じさせることがポイントです。語ってくれる状態になって初めて、本当の意味で「相手を知る」ことができ、企業側ニーズに合わせた営業ができるのです。

第4章 ● 成功するためのプラスワン

第二…「自分を売り込む」

この「自分を売り込む」には、3つの段階があります。最初の「自分を売り込む」は、入り口突破のための「小さな興味と小さな信頼」を獲得することです、「こいつは違う、こいつは面白い」と感じてもらい、会う気持ちと聞く耳を持たせることです。

同時に、相手の悩みや想い、ニーズを相手に語らせられること、「こいつは話せる」「相談してみよう」と意識させる「聴く力」が、2番目の「自分を売り込む」です。

そして、相手の悩みや想いやニーズに対して、具体的なやりとりやアドバイス・行動で示していくことが、最後の「自分を売り込む」です。

第三…「相手に期待させる」

具体的なやりとりやアドバイス・行動から、自分の会社や経営者自身にとって「プラスになる」と確信させ、実感をさせることが「相手に期待させる」です。

第四…「相手に貸しを作る」

販売先や仕入先・外注先の斡旋、新規販路の紹介など、相手企業の具体的ニーズに応えていくこと、これ以上に「相手に貸しを作る」ことはありません。ただし、前にも申し上げましたが、具体的成約ができることだけが貸しを作ることではなく、悩みや想いの相談に乗ってあげ

185

たり、様々なアドバイスをしてあげたり、付加価値のある情報を提供してあげたり、そうしたことだけでも相手としては十分「借り」を感じるものなのです。

そして、ここが法人営業の一番のポイントであり、ギブ＆テイクの原点です。私は自分の活動でも「どうやって貸しを作るか」を、常に念頭に置いて行動していました。

第五…「パートナーとして認めさせる」

「こいつは使える、こいつはできる、こいつは得だ、こいつはプラスだ」と決定的に我々の存在を認めさせる、単なる金融機関ということでなく、自分たちの経営にとっての大事なパートナーだという位置づけを目標とします。相手企業の経営に直接的に関係した小さなプラスを積み重ねていけば、間違いなくそのような対応に変化してくるものです。

第六…「自分の商売をする」

お願いスタイルではない、自分の商売をすることです。相手に貸しを作っているわけですから、堂々と貸しを返してもらえばいいのです。

ここで注意してもらいたいのは、どんなに貸しを作って借りを返してもらおうとしても、金融機関の商売が企業経営に、もしくは経営者や実権者自身に、具体的に付加価値を与えてメリットを感じてもらえるようでなければ、決して長続きしません。ここでむりやり商売をごり押し

するようだと、「最低限の借りは返すが、返したらお終いだ」となってしまいます。

第七…「フォローにより自身の顧客化を図る」

貸し借りは継続的でなくては意味がありません。そのためには、取引の当初だけ企業特有のニーズ対応に一生懸命になるのではなくて、企業の成長とともに長いスパンで付き合っていく気持ちを継続して持ち、様々な貸しを作る努力を心掛けることです。

「自身の顧客化」を目指すべきです。

そうすれば、必ず企業や経営者と本当の意味で対等な永い付き合いができるのです。

第八…「自分のネットワークにする」

簡単に言うと、顧客を「自分のファン」にすることです。そのようになると、おそらく取引先からの呼び方も、会社名ではなく名前が先行するでしょう。「一生モンの付き合い」を目指していくのです。「客をただの客で終わらせない」、自分のネットワークにすることを意識してほしいものです。知らない間に大事な宝が増えていきます。

4. 苦労している経営者は誠意を理解する

【成約も大事だが、見られているのは姿勢】

中小企業、特にオーナー企業の場合、社長が何を重要視しているかというと、仕事に対する取組姿勢であるケースが多くあります。特に苦労してきた経営者というのは、他人の苦労や努力を、自身の経験から理解してくれるものです。取引開拓のために、企業の立場に立って、企業にとってメリットのある協力・支援事項を提案するということは、口で言うほど簡単なことではありません。特に、販売先の紹介・斡旋などは非常に難しいのが実態です。しかし、成約するとかしないとかだけが企業経営者の評価ではないということなのです。

筆者が銀行員時代に、実際に成約し取引が取れたケースで、文京区のある印刷会社の話を紹介します。その印刷会社は帝国データに基づいて飛び込み営業を行った先で、ある有名な某製菓メーカーの菓子のおまけとして、特殊な印刷をした子供向けのシールが目玉になったヒット商品の、そのシールの印刷を一手に請け負っている企業でした。

そのシールというのは、ドイツ製の特殊な印刷機械でのみ印刷可能で、他ではできない技術とのことでした。そこで私は、銀行の本部を通じて北海道の函館にある酒造メーカーが造っている日本酒のラベルに採用させることに成功し、取引を獲得したのです。

第4章●成功するためのプラスワン

逆に成約はしなかったものの、取引が実現した事例もあります。これは、都内に本社があるアニメ映像製作会社で、当時テレビのゴールデンタイムで放映されている子供向けアニメを製作していました。その他にも、私もよく視聴していた番組などを手がけており、帝国データでの評点も高く、高額所得法人でもありました。

この企業も飛び込みで営業を開始したのですが、取引開始の条件として、ある新しいアニメ作品の番組スポンサーを探してくれないかという提案がされました。当時取引関係のあった製菓メーカーや外食産業・娯楽産業などに打診をして回り、先方企業の営業担当者との同行なども試みながら展開をしたのですが、残念ながらことごとく成約を得ることはできませんでした。

ところがその後、がっかりしていた私のところに同社の社長から呼び出しがあり、「細矢君の姿勢はよく分かった。今後もそういう気持ちを大事にしろ。取引をしてやる」と、取引開始の快諾を得たのです。また、それまで銀行名で呼ばれていた関係が、その時の面談を機に、私の名前が先行するようになりました。私は、「これで一生もんの付き合いができるネットワークにいなった」と確信しました。実際、銀行退職後も訪問させていただき、現在もお付き合いをいただいている大事な関係となっています。

このように、企業は具体的メリットがなくても、誠意を持って動いたり、相談に乗ってあげるだけのことで、経営者にとってはありがたいと思うことはあるのです。特に自身が苦労してきた経験のある経営者は、人の苦労をよく理解してくれる人が多いと、筆者は感じています。

5. 中小企業経営者は相談相手に飢えている

【中小企業経営者は孤独、たくさんの重い荷物を背負って悩んでいる】

どのような会社でもそうですが、対外的には社長を中心とした役員や幹部クラスを見ていると、経営はうまくいっているように見えるものです。ところが、大抵は社長にとっての悩みをなかなか解決できないでいるのが実態です。

当然、役員や幹部に意見を求めたり相談したりして様々な判断をしているわけですが、社内的な意見だけではどうしても不安と不足を感じることがあります。誰かに話をして、客観的な目での評価や具申をしてほしいわけですが、そんな相談相手がいなくて苦労しているのが中小企業経営者なのです。

特に中小企業では人材が豊富なわけではなく、経営のほとんどの舵取りが社長の腕にかかってしまっている場合が一般的です。社長の相談相手に相応しいほどの優秀な人材を確保しているケースは、むしろ稀と言えるでしょう。また、どんなに優秀な役員幹部がいても本当にそれで十分なのだろうかとか、外部から見ればまた違うのではないかなど、何事につき悩むのも中小企業経営者なのです。

なぜかというと、最後の責任を取るのは経営者一人だけだからです。中小企業経営者は一般

第4章●成功するためのプラスワン

の上場企業のサラリーマン経営者と違って、ほぼ全ての債務に連帯保証をしているため、会社の財産も個人財産も究極的には一蓮托生です。ですから、少しでも判断を間違えば、破綻につながり、死に等しいことになる可能性を持っているのです。

したがって、少しでも自分の経営に対し、参考になることであれば貪欲に求めているものです。だからこそ、頼れる相談相手がいつも欲しいと願っています。特に金融機関の人間に対して期待している度合いは高く、いろいろなことを相談できるような人に会いたいと切望していると言えます。それだけの期待をされているのですから、金融機関だからこそ相談相手になってあげられるはずなのです。

経営にも生活にも一番大事であるお金の関係に明るく、優秀な人材も多い、経営者からすれば羨ましいような組織と言えるのが金融機関なのです。

中小企業経営者の相談相手になってあげるべきです。力になってあげるべきなのです。

6. 顧問税理士の実態を理解する

【税理士は帳簿屋が多い】

「企業経営者は一般に、経営の相談を誰にしているか」との質問を金融機関の人間にすると、多くの場合「顧問の税理士」という答えが返ってきます。では、本当に税理士は経営者の相談相手になっているのでしょうか。私の経験からすると、それは間違いです。

私が現役銀行員の頃、新規営業で訪問して社長と面談した時に、よく次のような質問をしていました。「社長さんのところの税理士さんは、経営の相談相手になっていますか」。すると約半分以上の経営者は「うちの先生は、翌月5日頃に伝票を取りに来て、後は決算のときに書類を持ってくるぐらいだな」と言います。とても経営の相談相手とは言えないレベルの税理士が大多数で、相当不満を感じている経営者が多いとの印象でした。

確かに、税理士に多くを求めることにも無理がありますが、税理士は一般に会計税務の仕組みやルールに明るく、特に事務的なことに関しては非常に長けている人が多いのですが、経営そのものに関する経験や見識は豊富でない人が多いと考えるべきです。したがって、経営の相談に対応できる税理士は少ないと言えます。これが公認会計士の場合は、監査経験もあるからか、比較的相談相手として相応しい場合が多いと言えます。

第4章 ●成功するためのプラスワン

【税理士・会計士の紹介は慎重に】

このような実態を知ってから、私は新規営業の際にこの税理士の話題を持ち出して、「そんな税理士は契約を切って、もっと相談相手に相応しい税理士とお付き合いされたらいかがですか。なんでしたら、私がご紹介いたしますよ」と、当時自分のネットワークになっていた公認会計士と税理士を紹介して、顧問契約をさせた企業が数社あります。

ただ、これはよほど自信がないと難しいということだけは断っておきます。お金と会社の税務が絡むことですから、いい加減な紹介は禁物です。

私が紹介した公認会計士と税理士は、「この先生なら間違いない」と確信していましたし、結果として「いい先生を紹介してくれてありがとう」と、紹介した企業から感謝していただきました。その後、私が銀行を辞めてからですが、そのうちの一社は株式を上場して、紹介した公認会計士の所属する監査法人が担当することになり、監査法人事務所からも大変感謝された経験があります。

繰り返しますが、顧問税理士の紹介はくれぐれも慎重に行ってください。現在でも税理士と会社の関係は、それほど大きく変化してはいないと思われます。経営者は相談相手に苦労しているのです。

7. 常に自分の棚卸を行う

【裸になっていくらで売れるか】

金融機関の人間として、法人営業をするうえでも、それ以外のことでも、常に考え、意識してほしいことがあります。それは「自分の付加価値の棚卸をする」ことです。

金融機関の仕事は、誰にとっても大事なお金を扱っている仕事です。また、金融機関のメリットでもある様々な業態・業種と付き合いができる反面、ある特定の業態・業種の商売上のノウハウや人脈に長けることもあまりないと言えます。それだけ、どのような企業に対してでも、様々な要求や要望に金融機関らしく応えなくてはならないのです。

これを十分に行うためには、自分自身の知識装備や能力を極限まで高めていく努力が求められると言っても過言ではありません。自らの棚卸を意識して、「自分には何が必要か、何が足りないか、何をするべきか」を常に考えて、課題を明確にしている人間が成長するのです。

「こんなもんだろう」と勝手に限界を決めて、線を引いてしまう人間や、「俺はできる」と過信して、謙虚さを失った人間は成長しないのです。人間の成長に終わりなどなく、常に自分自身の課題と目標を忘れずに意識していくことこそが金融機関の人間として必要なことです。金融機関の人間として、自分の商品価値を常に意識しておくことは大切であると心すべきです。

194

第4章●成功するためのプラスワン

8.プロの金融担当者として心掛けるべきこと

【真面目であれ】

プロの金融担当者として心掛けることは、常に「真面目」であるということです。金融機関は人様のお金を扱う商売です。信頼を受けないと預けてはくれませんし、相談もしてくれません。お金の世界での信頼の基準とは、損得以上に「真面目な人か」からスタートすると考えてください。真面目であることとは、具体的に言うと「時間」と「約束」を守ることです。この二つを疎かにすると、人間関係は壊れてきます。特にお金が絡む場合には、真っ先に信用を失うでしょう。どんなことがあろうと時間と約束は守るべきです。

【誠実であれ】

また、プロの金融担当者は誠実であるべきです。常に「嘘」と「ごまかし」はしないことです。よく都合が悪くなると、専門用語を駆使して何とかその場のつじつまを合わせてしまおうとする人がいます。特に金融の世界には特殊な言葉も多く、「どうせ分かりはしないだろう」と決めつけて対応する人がいます。

これは、いずれ大きな問題となって返ってくるケースが多いと心するべきです。特に、嘘とごまかしは、信用失墜の最大ダメージを与えることを肝に銘じてください。

9. ネットワーク構築へのこだわりを持て

【ネットワークは宝物】

　もう一点、金融機関の人間にとって宝の山となるのが、ネットワークです。金融機関は様々な業種・業態との接点がある商売です。同時に、ほとんどの企業でトップマネジメントに近い人間との接点が中心になります。このような環境の仕事は他にはあまりありません。したがって、そうした人々との親密な関係が、大変な付加価値を生み出すことになります。

　私が銀行経験で得た付加価値のうち、このネットワークが最大の財産でした。銀行を辞める時、様々な方々からご連絡をいただきました。「どうして辞めるんだ、このネットワークが最大の財産でした。大丈夫なのか、何をするんだ」など、皆さんに心配していただき、同じような激励を頂戴しました。

　ところが、当時お付き合いのあった取引先や保険会社の営業職員・司法書士・公認会計士・不動産業者など一部の方からは、もう一言いただいたのです。「そうですか、じゃあ私はあなたに何をしてあげればいいのですか」。正直、涙が出るほど感激した記憶があります。

　日本最大手の保険会社の女性営業職員は、私の退職後すぐに、一部上場の某音響メーカーの専務取締役と面談を設定してくれたり、某中堅菓子メーカーの社長との具体的案件の紹介と交渉に同行してくれたりしました。「細矢さんのためならできる限りのことはしますよ」とまで言

196

第4章 ●成功するためのプラスワン

ってくれました。

また、ある不動産会社の社長は、その会社が加盟しているフランチャイズ本部の社長と担当役員を紹介してくれました。この話は最終的には、同社の親会社である某商社との繋がりへと発展するのですが、まず初めに行ったのは、加盟不動産会社の社長たちと一緒に開催した「財務分析研修会」なるものでした。

ゲーム形式の経営体験研修で、「不動産仲介バージョン」という内容で研修をスタートさせたのですが、「一般媒介・専任媒介・専属専任媒介」の仲介方式や、手数料金額が決定する物件の選択方法だけに熱中してしまい、ほとんど全員決算が合わない状態になったという笑い話のような楽しい思い出もあります。他にも、あるお客様に取引先である某上場電気メーカーを紹介してもらったりと、本当に独立間もない苦しい時期に助けていただきました。

自分自身では気が付かないところで、様々な人々が私のネットワークになっていたのだと思います。その人たちとの付き合い方を振り返ると、お互いギブ＆テイクで助け合ったり、お客様の場合にはそれぞれの企業の本業を含めたいろいろな局面で協力をしたりしていたからだろうと思われます。

【ドラえもんのポケットおばさん】

先ほど紹介した某大手生保の女性営業職員のことを、もう少しお話いたします。私の現役銀

行員時代に最も親しくさせていただいた方ですが、我々の間でその女性のことを「ドラえもんのポケットおばさん」という愛称で呼んでいました。

当時、毎月のように保険関係の人が銀行の支店に来ていました。その人たちが何の目的で来るかというと、保険案件やお客さんの紹介依頼です。あちこちから始終お願いされているという印象で、対応に苦慮していたのが実情です。その中で、「ドラえもんのポケットおばさん」だけが、他の保険営業と一味も二味も違っていたのです。

彼女も毎月来店するのですが、保険のお願いなどはほとんどなく、来る度に自分の取引先や他の仲間のお客さんである支店の取引先、さらには支店の取引先の会社案内のパンフレットを持参し、「このような企業があるのですが、この企業のお客さんになるようなお取引先がありましたらご紹介いただけませんか。また、逆にこの企業をお客さんにしたいと思われる企業をご紹介ください。もし細矢さんの銀行で取引がなければ紹介しましょうか」と言うのです。必ず何か情報を持参し、手ぶらで来ることは皆無と言えるほどでした。

さらに彼女のネットワークは素晴らしいもので、あらゆる業種・業態との接点を持ち、頼みごとには何でも答えてくれる、まさに「ドラえもんのポケット」なのです。彼女こそが金融機関としての見本のような動きをしている方で、私も学ぶところが多く、今では既に保険会社を辞めてしまわれましたが、個人的に現在もお付き合いをしています。

ネットワークこそが、金融機関の人間にとって最大の宝になるのです。

198

第4章●成功するためのプラスワン

ブレーン(ネットワーク)の構築と活用

- 税理士 公認会計士
- 司法書士 社労士
- 弁護士 コンサルタント
- 自分
- 他金融機関
- 顧客
- 不動産屋
- 納入業者

10.営業力強化のためにすべきこと

【やっぱり、自己付加価値とネットワーク】

営業力を強くするためにやるべきことは何でしょうか、それは、大きく言えばこれまで説明してきた「自己付加価値を上げていくこと」と「ネットワークを拡大していくこと」です。

では、自己付加価値を上げるとは具体的に何をしていけばいいのか、金融ビジネスに必要な知識装備とともに、一般常識も含めた周辺知識の装備も必要でしょう。さらにお金の問題は会社と人の運命にも影響する重要な一面を持っていますので、ライフプランという分野でも知識装備が必要でしょう。

このように、金融機関としての営業力を強化するためには相当幅広い分野での知識装備が必要になってきます。つまり、企業経営者に舐められないレベルの知識です。そのためにはいろいろなことを勉強する必要があります。

日経新聞だけでなく、時々でもいいから他の新聞も読んでみる。スポーツ新聞だろうが夕刊紙だろうが、なるべく多くの新聞に目を通す。週刊誌も経済週刊誌から月刊誌も含め、なるべく多くの雑誌に目を通す。テレビも数多くの報道番組や特集番組を見る。貪欲に、情報という情報は貪るように収集しておきたいものです。

200

第4章●成功するためのプラスワン

　私は、銀行員時代から新聞はスポーツ新聞も含め、朝晩数紙を講読、雑誌は毎日日替わりで購入、テレビは次から次にニュース番組や、特にNHKの特集番組や討論番組を視聴してきました。政治や経済・スポーツ・芸能等あらゆるジャンルに関し、何を聞かれてもほとんど何でも対応できる自信があります。決して舐められないために準備をしているのです。
　知識装備とともに、情報収集力や交渉力・企画力・業務推進力・管理力・組織運用力などのスキルも重要になってきます。
　様々な知識を現場で駆使し、企業と企業経営者の実態把握をして、正確なニーズを早期に発見することにより、新鮮で効果的なアイデアを出すと同時に、組織やネットワークを活用しながら、具体的に仕切り・行動していける力を備えていくこと、そしてこれを絶えず強化していくことが、法人取引における営業力を強化するということなのです。
　常に謙虚に、自分の営業力強化に必要な要素と課題を明確にしてください。

11. 金融機関ができる本業支援

【市場・商品・生産】

　企業の商売・人事・金といった、あらゆる分野に対応できるのが金融機関であり、それだけの資源と能力を持ち合わせています。それぞれの分野で「市場」「商品」「生産」と、さらに具体化した切り口から支援項目を探っていきます。

　まず「市場」という切り口からは、販売先や販売チャネルの斡旋、新規市場開発の協力などが考えられます。次に「商品」という切り口からは、新商品の開発・開発、技術提携先の紹介があるでしょう。最後に「生産」という切り口からは、仕入先や外注先の斡旋、営業担当者や従業員全般の教育支援、生産性向上策に設備更新や新技術導入に対する支援等が考えられます。

　以上のような分野で、金融機関自体の持っている組織的ノウハウやネットワークをよく考えれば、あらゆる面で応援できることがあるはずです。ところが、金融機関は面倒くさいことに関わりたくないとの防衛本能があり、本当はできるのに躊躇してしまうケースが多いのです。

　しかし、本当の意味で顧客志向を目指すのであれば、できることは何でもしてあげることでしょう。重要なのは、真摯に相手企業のニーズのために動く姿勢であり、もっと言えば、話し相手として相談に乗ってあげるだけでも、企業経営者に対する支援事項と言えるのです。

12. やっちゃいけない本業支援

【絶対と深入りは禁物】

企業の本業支援において決してやってはいけないのは、金融機関の人間が断定的な評価を下すこと、そして「絶対」という言葉を安易に使うことです。

特に最も危険なのが、企業の経営判断に参加してしまうことです。どんなに信用できる取引先を紹介したとしても、最終的な取引の判断は企業にさせるべきです。というのは、仮に安易な評価や判断を伝えて問題が発生した場合、責任を負わされてしまうことがあるからです。

そうした場合、同時に二つの企業との取引を失ってしまうことにもなるでしょう。それで済めばいいですが、場合によっては裁判沙汰になり、社会的信用を失うことにもなりかねません。したがって、慎重にも慎重を重ねた対応が必要です。営業斡旋をする場合でも、両社に「私どもは紹介だけしたいと思います」との言葉を必ず添えることが大事です。お取引するしないはよくよくご検討いただき、お互い納得のうえでお願いしたいと思います」との言葉を必ず添えることが大事です。

また、新規先の場合は特にそうですが、信用度合いにあまり自信がなかったり、実態があまり分かっていない場合は、より慎重に対応するべきです。金融機関の人間は、企業同士の商売の責任は負えないと心してください。

13. できる営業の法則

【できる営業は、どんな世界でも共通した点がある】

まず「明るい」ことです。

暗い顔をして入ってこられては、営業を受ける企業としても当然嫌な思いをするものです。ただし、ワザとらしい笑顔や振る舞いは、却って怪しまれてしまいますから要注意です。あくまでも自然な笑顔と明るさが必要です。

次に「顔が広い」ことです。

社内的にも対外的にも、様々な人脈を持ち、アドバイスや協力者が豊富にいればいるほど、ネットワークが豊富であると言えます。

次に「マメである」ことです。

営業はマメでなければ務まりません。小さなことを大事にできるかできないかです。小さなことを疎かにする人が、小さな失敗を繰り返すのです。金融機関の人間こそマメでなくてはなりません。小さな失敗が取り返しのつかないことにつながるのも、金融の世界です。

次に「よく気が利く、気がつく」ことです。

できる営業は「痒いところに手が届くような」仕事をします。神経細かく鋭くです。

第4章●成功するためのプラスワン

次に「しつこくなく、熱心である」ことです。

「しつこい」と「熱心」を混同する人がいますが、この二つは全く違うものです。しつこいとは、嫌がっているのに執拗に追い回したり説得しようとすることです。相手のニーズと合致していないにもかかわらず、その認識がなく、一方的な思い込みの中で押し売りをしているので す。さらに「根性で売ってこい！」などと、上司まで顧客志向からずれていると最悪です。

一方、熱心とは、相手の気持ちや相手の思いを理解して、相手のニーズに合わせた提案と行動を、熱意を持って実践していることです。あくまでも顧客本位が条件です。

あなたの営業はしつこくなっていませんか。

次に「アイデアが豊富」であることです。

「あなたはよく考えているな」と言われることが理想です。経営者は、素晴らしいアイデアだけを求めているのではありません。大事なことは、顧客に合った提案を徹底して工夫しながら考えることです。

次に「動きが早い」ことです。

営業担当者はフットワークが大事です。もたもたしていてはビジネスチャンスを逃がしてしまいます。顧客の要望にクイック・レスポンスで対応する俊敏さが、信用と信頼を獲得する秘訣です。

次に「聞き上手」であることです。

「傾聴の姿勢」は、営業で最も大事なポイントです。相手に話をさせて相手を知る、これに尽きるのです。顧客が思わず話したくなるような魅力作りが大事と言えます。

次に「約束を守る」ことです。

金融機関の人間にとって不可欠の最優先事項です。小さな約束を大事にすることです。人間はどんな約束でも同じ基準で見ます。「これくらいはいいか」が一番危険です。

次に「相手の名前を覚えるのが早い」ことです。

会社名や役職だけで呼ぶのではなく、面談2回目からは名前も入れて呼ぶべきです。「この人は私に関心を持ってくれている」と印象づけることが、親密さに繋がっていきます。

次に「自社内営業も一流である」ことです。

できる営業は、会社の中でも仕切りや段取り、コミュニケーションのとり方が非常にうまい人が多いです。社内に自然と自分の協力者を作り、仕事がスムーズに運ぶ環境を整えているのです。反対に、社内で嫌われると内部調整に時間を食い、貴重な営業の時間が割かれてしまう場合が多いのです。

最後に「相手の立場になって考えている」ことです。

顧客志向という言葉のとおり、一流の営業はまずお客様の立場に立った対応をします。このことは、社内に対しても同様で、関係部署の立場を考えて動く努力をするのです。この基本があってこそ、本物の営業と言えるでしょう。

第4章 ●成功するためのプラスワン

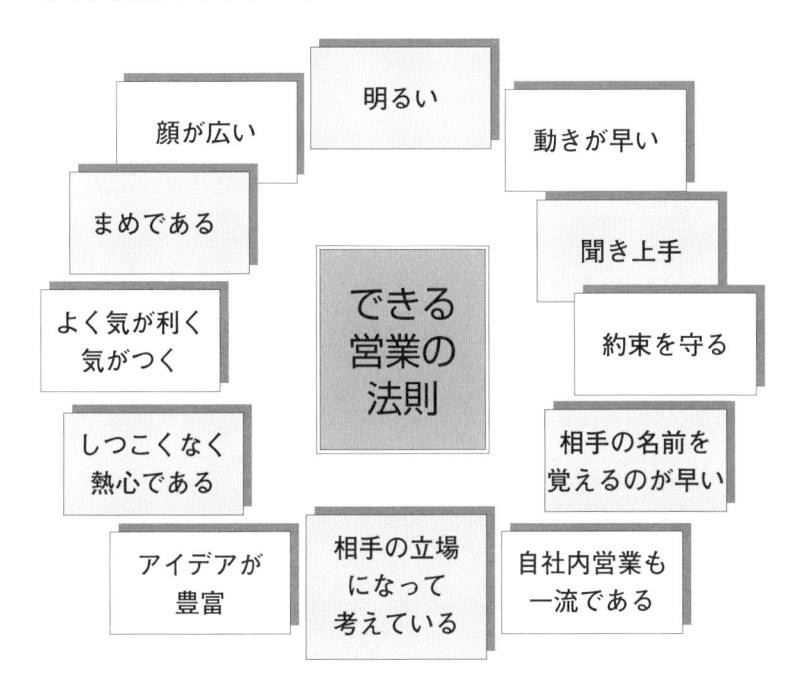

できる営業の法則

- 明るい
- 顔が広い
- まめである
- よく気が利く気がつく
- しつこくなく熱心である
- アイデアが豊富
- 相手の立場になって考えている
- 動きが早い
- 聞き上手
- 約束を守る
- 相手の名前を覚えるのが早い
- 自社内営業も一流である

おわりに

法人営業では、自分自身の「付加価値」を高めていくこと、自社と社外の「ネットワーク」を広げ、この2つを徹底的に活用していくことが成功の条件です。

法人営業は、結果として金融機関としてのビジネスに、個人取引とは比較できないくらいの種類と量の取引成果をもたらしてくれるものです。同時に、企業としての関係の広がりと人的財産の広がりへとつながっていきます。

ただ、新規の法人取引を獲得することは容易ではなく、何らかの「ギブ」を与えない限りは成り立ちません。だからこそ、自分と自分の組織をフル稼働させて「わずかでもお役に立てること」を、真摯に誠実に追求することが大事です。特に、営業担当の企業に対する「姿勢」を鋭く見ているのが企業経営者です。自分の商売さえよければいいなどと考えるべきではないと、もう一度心してください。

同時に、自分自身と金融機関の仕事に「自信と誇り」を持つべきです。中小企業経営者の力になれる、中小企業を救えるという仕事が、金融機関の機能であり役割です。そして、この自信と誇りこそが、金融機関営業の成功の秘訣なのです。

私が銀行を退職して13年ほど経ちます。当初ある友人に誘われ、設立間もない彼の会社に役員として合流し、現在の教育ビジネスを始めたのですが、わけあって2年弱で袂を分かつことになりました。

それまで開拓してきた取引先は全部そのまま置いて出ていく身でしたから、再び裸一貫状態です。生活のこともありますから、食うために何かするしかないと、別の友人の事務所に転がり込んで、手伝いなどをしながら自身のビジネスを探っていきました。

「とりあえず金になることをやらなければ」と、まず神保町の某有名簿記専門学校の正門前に立ち、ちょうど授業が終わって帰る生徒に向けてビラ配りをやりました。「○○簿記専門学校で解からない簿記は、俺のところに来い」と、簿記の個人教授をやるという主旨の内容でしたが、残念ながら一人も反応なし。

次に「じゃあしようがない、経理の代行業務をやろう」と、またビラを作成して高田馬場あたりの事務所兼用マンションに行き、ポスティングを数日繰り返しました。しかし、やはり反応なし。「とりあえず」でスタートした中途半端なビジネスモデルが、成功するはずもなかったのです。

そこで、自身をよくよく振り返り、「何をしたいのか、何ができるのか、何をするべきか」と考え、銀行退職時に志し高く掲げた「役立てる教育ビジネス」の原点に立ち返って、再起するべきだと考えました。

210

おわりに

その後、前の会社時代に取引を開始した日本最大手の某生命保険会社が私を追いかけてきてくれて、「細矢さんに継続して研修をしてほしい」と仕事をいただきました。また、様々な友人に本当に命を助けられるような協力をしてもらいながら、約9年前に現在の事業を本格化させました。上場企業への「飛び込み営業」を中心に活動し、ようやく多少軌道に乗るようになって今日があるのです。

ここまで生きてきた経験からですが、「自分のビジネスに自信と確信を持って汗を流していけば、できないことなどない」と心から思います。

様々な企業との取引を通じて、また、様々な人たちとの出会いから、学ばせてもらえることがたくさんある。何よりも法人営業が与えてくれる財産ではないかと考えます。

最後に、拙い私の経験と勝手なことばかりを書かせていただける機会を与えてくれた、株式会社近代セールス社の皆様に感謝申し上げるとともに、数多くの友人やお取引先・関係者に心から御礼申し上げます。

2007年9月

細矢　進

【著者プロフィール】

細矢　進（ほそや　すすむ）

(財)日本生産性本部認定経営コンサルタント。株式会社富士銀行（現みずほ銀行）に20年間勤務し、首都圏主要店舗にて取引先の融資案件採り上げ、審査業務、新規取引開拓業務等を歴任。同行退職後、株式会社リフレを設立し代表取締役に就任。中堅・中小企業の財務・経営コンサルティングを行うとともに、国内大手・グローバル企業の「実践に役立つ財務研修」「法人マーケット開拓研修」「ライフプランセミナー」、経営者向け「経営セミナー」等の現場経験に基づいた研修プログラムの講師を行う。

株式会社リフレ
〒110-0016　東京都台東区台東1-9-2　KTビル3F
Tel 03-5817-7247　Fax 03-5817-7248
http://www.refre.com

法人営業のバイブル
〜必ず成果の上がる新規開拓の鉄則＆必須ノウハウ

平成19年10月19日　初　版発行
令和5年12月13日　第14刷発行

著　者────細矢　進
発行者────楠　真一郎
発　行────株式会社近代セールス社
　　　　　　〒165-0026　東京都中野区新井2-10-11
　　　　　　　　　　　ヤシマ1804ビル4階
　　　　　　電話（03）6866-7586
　　　　　　FAX（03）6866-7596
印刷・製本─広研印刷株式会社

Ⓒ2007 Susumu Hosoya　乱丁・落丁はお取り替えいたします。
ISBN 978-4-7650-0969-0